只有面对，
才能走对

王宝强 著

北京联合出版公司
Beijing United Publishing Co.,Ltd.

目录

C O N T E N T S

自序

只有面对，才能走对 _02

1 只有做到，才能得到

2 每一场演出，都是一段人生

3 少有人走的路

4 印象

5 历经八十一难，取得真经东土还

自序 /

P R E F A C E

只有面对，
才能走对

1

一匹白马，在悠悠天地之间，在茫茫沙漠之中，朝我走来。白马上坐着一位僧人，风尘仆仆。他越来越近，我甚至能看到他脸上的尘沙。他走到我的面前，定定地看着我，问："你真的想沿着我的足迹西行吗？"

我从梦中惊醒，窗外还是一片漆黑。北京初春的黎明，有种难得的安静。我努力地想继续睡去，却怎么也睡不着，索性起床，在客厅里打了一套猴拳，似乎只有这样才能向刚才梦中的玄奘致敬。

那是 2016 年 3 月 22 日，初春的北京乍暖还寒，行色匆匆的人们在街头和地铁站里涌动着，开始新一天的奔波。我坐在车里，看着窗外赶路的行人和拥堵的车流，赶往东城。今天，是我的主场，我要面对十几年来在我生命中最为重要的人们，念一篇我写的"作文"。

下午两点，和平里东街 11 号的一个传媒大厅里，我手捧讲话稿站在后台，我听到主持人正念出我的名字。这是对我至关重要的一天，《大闹天竺》西征饯行会正在举行。舞台下面，是一张张熟悉而充满期待的面孔，一面面亮着我名字的闪烁着的灯牌。

我站在那里，面对着这个真正属于我的舞台，等待着出场。

2

我时常会想起那样一个黄昏，一个夏日的黄昏，八岁的我和村里的一帮少年迎着湿润的风，在风里奔跑，像是生出了翅膀。我翻着筋斗，跑在前面，我想像孙悟空那样飞翔。村民们聚集在村子的一片空地上，此时在两棵高大的桐树之间，支起了一块大白布，我们欢呼着跑过去。

那个夜晚，我第一次面对着那样一块四方的布，像是枯燥世界里变出的一个魔法道具。农村的夜生活只有一种方式：睡觉。放电影的那天更像是一个盛大的节日，人人都不愿意错过这么洋气的娱乐活动。邻村的人都来了，下面乌压压一群人。我早已爬上了高高的柴垛，占据了绝佳的观赏位置。

人群慢慢静了下来，灯光打在那块布上，布亮了，上面出现了字，旁白是"天下功夫出少林"，随着电影里三个孩子一阵打斗，布上赫然出现了"少林寺"三个大字，台下的人群目瞪口呆。而我，像是被雷击中了一样，感到一个完全迥异于故乡村庄的世界的一扇门正向我徐徐打开。

电影结束之后，我甚至不知道自己是怎样溜下柴垛的，一路模仿着电影里的武打动作回到家里。只记得那个晚上，我兴奋异常。我知道了天下有个叫"少林寺"的地方，那是功夫圣地，那里的人飞檐走壁、虎步生风；我知道了，在这个世界上，还有一个东西叫电影，在电影里，人可以以叶为剑，纵马踏花，纵横天下。

八岁的我忽然觉得：我的一生，应该过这样的生活。

到嵩山去！那个夜晚，我失眠了，夜半时分，我暗暗下定了这样的决心。

3

我酝酿了好多天，毕竟对于八岁的我而言，那是一个多么重大的抉择，不知道该怎样对父母说出我的想法。看了一部电影，就想去电影里的地方，这放在今天来说也是令人匪夷所思的。我已经能够预料到：当我说出功夫明星之梦后，肯定会先尝到功夫的"甜头"——父亲的一顿胖揍。

父亲当过四年兵，回来就种地了。家里的八亩地，是所有收入的来源。父亲早已说要分给我一亩多，这人生的路，他早为我打算好了，那就是种地。以后长大了借钱讨个媳妇儿，陪我一起种地。

印象里的父亲总是板着脸，一言不合就打我。我总是和母亲更亲近，所以，我决定先从母亲这里找个突破口。

午后的阳光毒辣，我和母亲在村外玉米地里干活，玉米叶子刺得我浑身刺痒，浑身的热气往外冒。我看了眼母亲，她在我旁边默默干着活，整片地里就我们两个人，到了说出这个想法的时候了。

"娘，我想去少林寺学武。"我怯生生地说道。

"哪儿？"母亲听了之后，停下了掰玉米的手，诧异地看着我。

"少林寺？"

"对。"我点点头。

"戏里的少林寺？"母亲又确认了一下。

"是，我都打听好了，在河南嵩山，我在郑州转车。"我说。

"那都是电影里的，你还当真？"母亲继续干活。

无论在外面受多少苦，只要回到家跟父母亲谈谈心，
一切的阴霾都会随之烟消云散。

"娘，你就让我去吧，我铁了心要做这件事，我就想去那里学武。"

母亲听一个八岁的孩子说出这样的话，开始肯定觉得像是笑话，但是看我严肃的模样，又不像是说笑。

"学了武，你想干啥？"她停下了手里的活。

"学了武，我就去拍电影。等我挣了钱，给你盖大房子。"我连比带画，信誓旦旦地说。

母亲笑了："挣不挣钱不说，你那钱都是在镜子里面呢，摸不着啊。"

我说："以后我挣钱了，我什么都不要你们管，不让你们种地了，宅基地，家产什么的我全部不要，都给我哥。"

听完我的一番豪言壮语，母亲笑了笑，她依然觉得这不过是一个孩子说的胡话罢了。

没有一丝风，白花花的阳光像利剑一样，刺向玉米地，我和母亲的汗水无声地往下淌。我倔强地杵在母亲面前，眼巴巴地看着她，等着她的答复。

"娘，你就让我去吧！就算我在外面没有混出样来，也不会怪你们的。我不想种地了，土里刨食儿，会穷一辈子的。"我不依不饶，"练武就得从小练，要是再不让我去的话，就晚了。我会后悔一辈子的！"

母亲敷衍地应着。

母亲家里姊妹六个，一个弟弟。母亲是老大，她就是看着弟弟妹妹们长大的，没有上过学，她比谁都清楚没有文化的苦。我知道她一直想让我去读书，但是我却像一头犟驴一样，一心想去学武。

母亲知道我的脾气，我的小名就是"二犟"，脾气倔，不达目的决不罢休。我的表现让母亲知道，如果不让我去少林寺学武，我就没法儿活了。

母亲叹了一口气，说："这孩子魔怔了。"

母亲果然很快就把这件事跟我父亲说了，他们无奈地同意，送他们的"二犟"远走他乡了。

4

1992 年 3 月 25 日，黄昏，河南省中部的少室山上，晚霞烧红了西天，绯红的烟云也落入了深处的松林里。八岁的我忐忑不安地站在少林寺的山门前。

说实话，当时的我有点儿失望。那时候我爬到柴垛上看电影里少林寺的山门恢宏无比，李连杰站在山头就可以看到少林寺，但是我面前的少林寺山门却像是袖珍版的。山门前卖小商品的摊主正在收拾摊位准备回家，这里看上去像是一个即将散场的庙会。我站在晚霞中，面对着少林寺，犹疑不决，等待着命运之门的打开。

夕阳西下，山风拂过这座深山里的古寺，这里的温度要比山外低4 摄氏度。昏黄的灯下，一位叫作释延宏的武僧伸出手来给我摸骨。他摸了摸我的头和手，悠悠地说："缘到了！"

"你骨脉不错，适合学武，留下吧。"

我将信将疑，狠狠地点了点头。

八岁那年看《少林寺》，燃烧了我少年时懵懂的心，
也让我铁了心去少林寺学武。

5

1999 年，依旧是 3 月，一个早上，我独自坐着一辆小巴车，两手空空地离开村庄，奔我的前程去了。

那是去少林寺六年之后，我决定离开少林寺，去"那个地方"圆我的电影梦。六年间，不时地会有剧组来少林寺取景，但大部分是拍纪录片的。我听说只有去"那个地方"，才能实现演电影的梦想。

去北京之前，我回了趟老家，一是跟父母告别，二是要点路费。

天色阴沉，小巴车上坐满了去城里逛街的情侣，他们亲密而兴奋地聊着天。我靠着窗，看着他们，忽然感觉到了孤独。车窗外，阴沉的天空下是一望无际的麦田，我知道这一去，不管怎样，这故乡，怕是再也不容易回来了。

虽然春运已过，但火车票还是一票难求。到了邢台火车站，我很幸运买到了一张站票，登上了北上的绿皮车。火车在坦荡的平原上一路飞驰，过了几个隧道后，一头"栽进"了一个车水马龙的城市，车窗外是数不清的高楼大厦。我靠着车窗，感到呼吸急促，火车的报站声让我知道，我终于来到了我所盼望的另一个世界，这个世界叫作"北京"。

那是个阳光明媚的午后，我随着人流出了站。站在北京西站的广场上，一脸茫然，不知所措。川流不息的车辆在柏油马路上轰鸣，远处的高楼上嵌着一扇又一扇的窗户，明晃晃、亮堂堂。拿着旅店小卡片的中年妇女一个接一个围了上来："小伙子，住不住店？"黑车司机也一个个凑到跟前问去哪儿啊。我姑且就当这是首都人民的"热情"吧。

顾不上理会他们的"热情",也顾不上填饱肚子,一路走一路打听。辗转了一下午,黄昏时分,终于气喘吁吁地站在了北京电影制片厂的门口。我和旁边或蹲着或站着的人一样,懵懂茫然,渴望着被幸运砸中。

夕阳西下,暮色笼罩着这座千年古都。面对写着"北京电影制片厂"的神圣的牌子,以及牌子旁那有着无数机会的大门,我激动不已。

6

阳光晃着我的眼,我爬上了一架高高的防火梯。防火梯下面,各种摄像机对着我,这一刻,我成了"主角"。对讲机里传来了导演的声音,那个声音决定着我在这几个小时内,是否会再受一次皮肉之苦。

这是我得到的第一份演员的工作,在一部警匪题材的电视剧里做男主角的替身。做武行替身,算是我接近功夫明星的开始吧,我常这样安慰自己。

我的任务就是爬上两米多高的防火梯,然后摔到下面的水泥地上。在导演说出"OK"之前,我需要不停地往下摔。

我穿着男主角的衣服,站在防火梯上,我感到空气都凝固了。现场的剧组人员都在盯着我,因为我表演的好坏,直接影响着他们能不能提前收工。没有采取任何防护措施的我,看着下面灰白的水泥地面,双腿直打颤。

导演喊"开始",所有人都紧盯着我。我双眼一闭,两腿离梯,身体直直向下坠。紧接着，我像一个从天而降的麻袋"砰"的一声，随着我喉咙里发出的一声闷哼，落在了水泥地上。我感到身体快要炸裂开来，胃里一阵疼痛，头嗡嗡作响，眼前一片黑暗。

"重来！"迷迷糊糊中，我听到了导演的声音。

有五六个人跑过来，手忙脚乱地把我扶起来，有人问："没事吧？"

"没……没事。"我努力睁开眼睛，蹒跚着爬上梯子。这是我的工作，无论多难，我要面对。

在接下来的几次往下摔的过程中，我都努力憋着不出声。一次次，我的身体像是一块石头往下砸，被人扶起来之后，再跟跟跄跄爬上梯子。在晕晕乎乎中，听着导演的口令，准备着再摔。

当导演说出"OK"的时候，我感觉几个世纪过去了，手肘上的血已经把衣服染红了一片。

我知道，就算我摔得再辛苦，也只是为他人做嫁衣罢了，我的名字不会出现在这部电视剧里。

当这一场戏终于通过，我捂住手肘止血的时候，一个老武行走过来，悄悄地告诉我："你不要命了？这么摔下去，会出人命的。别人都是假摔，只有你真摔！"

可是，什么才是"假摔"呢？我的字典里，只有"真诚面对"。况且，我是真的不知道什么才是"假摔"。

晚上，我躺在地下室杂乱而狭窄的床铺上，听着头顶下水道里流淌着这个城市的污水的声音，哗啦哗啦，哗啦哗啦……像是永不止息的嘲笑声。

地下室潮湿又不见阳光，我身上起了湿疹，奇痒无比，挠过之后又像针刺一样地疼。我挠着背上的疙瘩，怎么都睡不着。

我想母亲了，想念她做的烩菜——白菜豆腐炖粉条，那是我最爱吃的菜，我在梦里不止一次吃到，多么香啊。

那几个夜晚，搂着能掐出水、泛着恶臭的被子，我哭了。我的哭声伴着下水道里污水的嘲笑声，哗啦哗啦，哗啦哗啦……它仿佛在说："不如归去，不如归去。"

7

1999 年的一天，北京郊区的一个工地上，面对着一垛比我高的砖头，我的任务就是把这些砖头从这头搬到那头，按天算钱。一天之中除了中午吃饭的时间，都必须干活。

这是由于我很久接不到戏拍，为了不饿肚子找的一份工作。

我当时还不到 18 岁，只能算是半个工，所以一天只有 25 元，包吃不包住。当时我住在一个影视基地附近的大院里，和八个人挤在一间屋里，床是上下铺，每月的房租是 80 元。

在毒辣的阳光下，我搬着 12 块砖，一步一挪地向前走着，搬砖是最简单最枯燥的活儿。在砖头的压力之下，我的胳膊像是灌了铅一样，手上也磨出了厚厚的茧子。唯一使我高兴的是，看着身后砖垛上的砖越来越少。但是常常高兴不了几分钟，就会有新运过来的砖填进来。

我不知道一天要在这里走多少趟，只记得疲累充斥了我身体的每一块肌肉、每一根神经。每次中午吃饭的时候，我在工地的树荫下倒头就能睡着，直到工头过来把我踹醒。

我已经出来三年了，没有跟家里联系过一次，我在哪里，干着什么，父母都不知道。他们想尽一切办法打听，就差去报警了。村里人都说，一个孩子出远门，要是三年没有消息，那就是死在外面了。母亲晚上睡不着的时候，每次想到这话都哭。每到初一和十五，母亲都在堂屋里烧香，祈祷神仙保佑她的这个儿子在外面活着。

有年大年初一，母亲在门口看到别的孩子在放炮玩耍，扭头回到家里，大哭一场。

"我的孩子在哪儿呢？在外面谁对他好呢？"

8

喧闹的北京游乐园里，我听到了人们的欢呼，这是我第一次面对这么多的观众，我有点紧张。

每年五一劳动节，都会有一些卡通明星巡游方阵，邀请一些有武术功底的人来演出。穴头通知我，这一天我的任务是套上卡通衣服，在 100 个人的队伍里，面对着游乐园里的游客进行卡通人物表演。

这一天，我暂时不用再搬砖了。

我多么幸运，我扮演了我的偶像孙悟空。

卡通人物轮流过场表演，轮到我的时候，我的血液都凝固了。我突然像齐天大圣附体，帽子一拉，举起双臂，像是真的腾云驾雾，一个筋斗就翻了出去，紧接着，一个又一个。

在连续翻筋斗的同时，我像是看到了嵩山上的云，听到了溪水流过山涧的声音，又像是看到了孙悟空在云端冲我招手。扬扬得意的我还来了几个空手翻，当我站定的时候，周围一片喝彩声。

一个小朋友走了过来，说："我要和孙悟空照个相。"

"我是孙悟空了！"我开心极了，蹲下身来，抱住那个孩子，定格在了孩子母亲的相机里。

这样开心的日子并不多，只有扮演孙悟空的那个瞬间让我感到了真正的快乐。我想，每天演孙悟空，就是我想要的人生吧。

9

2000 年 5 月的一天，北京，我推开了一扇房门，屋子里坐着二十几号人，有人抽着烟，房间里烟雾缭绕。在我看来，他们每个人都有可能是导演，或者是制片人。

一个 40 岁左右的英俊男人坐在中间，他的眼睛很是清澈明亮，双眼皮像是一道山沟，看我的时候，像是有两道利剑向我刺来。

当时我还没有吃晚饭，接到他们让我去试镜的传呼，就直接从工地上赶过去了。搅完石灰的我浑身都是白色的粉末，又痒又疼。

我有点蔫儿，推开房门后，长久的自卑感让我对这样"高档"的环境完全不适应。我忘了我是来面试的，在强烈的自卑感驱使之下，我希望他们无视我才好。我蹭着墙根，贴着墙角，慢慢地一点一点挪动，才算勉强站在了屋子里。

不过后来他告诉我，就是因为我进门的那些躲闪动作，他才更加确定了我的朴实。

我局促不安，那个相貌英俊的男人问了我很多问题：会不会说河南话，是不是从农村出来的……

我的大脑几乎短路了，说起话来老是口吃。他却很儒雅，也很有气场，坐在那里不怒自威，静静地等我说完，偶尔点点头。我一直没敢正眼看他，预感到他要看我的时候，我就连忙低下头或者转过头去装作不知道他看我的样子。

后来，他让我换了一身连我看着都觉得土得掉渣的衣服，在房间和楼道里来来回回地走。第一次被这么多人盯着，我浑身不自在，走起路来也比平常难看得多。

我不相信我能被选上。我的梦想是当功夫明星，我也反复对他说，我在少林寺练过六年武术，但是他好像对我会功夫这件事丝毫不感冒。这时我才知道，这是一部农村题材的电影，和功夫没有半毛钱关系，我有点失望，寻思着农村题材的电影不会有人爱看。

最后，我怯生生地对他说："我长得不好看，脸上还有很多雀斑。"

他笑了："我们找的就是你这样的人。"

一个月后我进组，第一次成了男一号。这部电影的拍摄经历了九死一生，我的命运也由此转折。

这部电影叫作《盲井》，我凭借这部电影获得了第40届金马奖最佳新人奖，去台湾领奖的路费都是我借的。那个男人是导演，叫作李杨。

我的人生由此开始了触底反弹。

10

2003 年 8 月的一天，北京望京的一幢写字楼里，我被一个副导演领着，上了一部电梯。在这之前，我正在云南《谁主沉浮》剧组里晃着看他们试镜。本来有个角色是我的，却因为年龄太小，而那个角色有感情戏，我就被否了。

正当我无所事事，不知道该去哪里的时候，他给我打了一个电话，说要见我，还给我订了一张机票，让我火速返京。一路上，我只要一想到他要见我这件事，就像打了兴奋剂一样，喜不自禁，翻来覆去，旁边那位一直想睡觉的乘客屡次对我抛来厌烦的白眼。

终于到了北京，到了他所在的地方。在电梯里，我看着红色楼层数字的变动，心脏怦怦直跳。我感觉就像进了皇宫，要去见九五之尊。

几分钟后，我面对着一扇门。我深呼一口气，有点眩晕，这是他办公室的门。在敲门的时候，我甚至能听到自己的心跳声。

门开了，他坐在那里，像雕塑一般。他站了起来和我握手。我第一次在现实生活中看到他，竟然还能握住他的手，我有点语无伦次了，只是对他说："我特别喜欢您……您的电影。"

他让我放松，请我坐下，说话很是和气，语速像是调好一样，不紧不慢，和电影里的一样。不知怎么，我觉得他像是我的父亲，因为在我的印象里，父亲也是这样，虽然不多言，但魁梧的身影让我感到踏实。

他站起身来，去了红酒柜旁。

　　他取了一瓶红酒回来，问我："宝强，会喝酒吗？"

　　我摇摇头："不会喝。"

　　他笑了笑，像是听到了我说"会喝"一样，给我倒了一杯红酒。

　　这是我第一次喝红酒，我以为红酒是和可乐差不多的一种饮料，刚好当时也口渴，就一口给干了。我忍着口腔和食道里刺激的感觉，想着这时候要是面前摆着一盘五香花生米该多好。

小刚导演和徐帆老师都是我的恩人。

演完《天下无贼》后我一心想演武打片，徐帆老师说："孩子，上《士兵突击》吧，这是我们走过的路，合作过的导演，我们不会害你的。"

他笑了，笑得很开心，对我说红酒不能一口闷，要慢慢品。

他又问了我一些家里的情况，我觉得他真没架子，还关心我的这些小事。

红酒开始发挥效力，我很快就蒙了，脸开始发烫。

紧接着，他问我："你最喜欢的大陆明星是谁？"

"葛优。"我几乎是脱口而出。

"港台明星呢？"他接着问。

"刘德华。"

"那让他们两个人给你演配角，和你搭戏，你觉得怎么样？"

如果是别人说这个事情，可能就是开玩笑，我笑笑也就过去了。但是他有些严肃地说出来，说完后还很郑重地看着我。最重要的是，他完全有这个能力。不知道是酒精的作用，还是太过激动，我差点晕过去。

"我看了你演的《盲井》，觉得我接下来的这部戏有个角色挺适合你的，就是有个事儿挺麻烦的，拍这部戏需要三个月，时间挺长的，你有三个月的档期吗？"他问我。

"有！"我不假思索地脱口而出。

当时我不仅有三个月的档期，而且还有大半辈子的档期。更何况，我当时也不知道"档期"是个什么东西。

到这里，我想你们已经猜到了。后来，我出演了这部叫作《天下无贼》的电影，那个"他"是这部电影的导演。他是谁，我不说，相信你们也知道。

我始终记得，那个阳光明媚的一天，我面对着那一扇门，推开它，就是一个新生的世界。不久，《天下无贼》进入宣传期，我们村有一位在北京打工的老乡，无意中看到报纸上有我和刘德华、葛优在一起的照片。起初以为只是长得和我比较像的一个明星而已，但是看到名字后大吃一惊，报纸上的那个家伙不仅和他同村的王宝强长得像，而且名字也一样。他将信将疑地把这张报纸保存了下来，干完活后，带着报纸回到村子里，见到我父亲就说："我在北京见到你们孩子了。"

父亲不相信，说："北京那么大，你怎么见到他了？"

老乡就拿出报纸说："我在报纸上见到他了。"

"是宝强。"父亲笑了。

拍完《天下无贼》之后，我回到了家里，父亲见到我的第一句话就是："傻根回来了？"

11

父亲因为压力太大，头发已经全白了。这个时候，在我六个姨的合力帮助下，我哥才算结了婚。本来就捉襟见肘的生活更加窘迫了，连买油盐酱醋的钱都没有，父亲去小卖部买东西都是赊账。

几年没吃到母亲做的白菜豆腐炖粉条了，那晚我吃得特别香。我和父亲睡在一起，我们聊了一夜，聊我走的这些年，我在外面吃过的苦头，也聊了这些年来我离开之后家里的贫困生活。

那是一个美好而安静的夜晚，无边的华北平原上，大会塔村的夜色异乎寻常地温柔。这些年在外面漂泊，终于回到了停靠的港湾。我发现，父亲第一次把我当作大人了，终于肯给我说他的心事了。

《天下无贼》的片酬到手后，我马上还了家里因为哥哥结婚欠下的债，自己还留了一部分，花了两百块买了一部二手手机。这部手机对我十分重要，上面存满了我认识的演员、副导演、制片人等的电话，它将决定未来的日子里我的生计和活路。

一天中午，我正在路上走着，遇到三个劫匪，都是 30 岁左右的大汉。其中一个哥们儿看到我手里拿着手机，就走过来问："兄弟，现在几点了？"

我看了眼时间，说："中午一点多。"

那哥们儿趁我不备，伸出手来，一个快动作，就要夺我的手机。

这次他估算错了，他没想到面前这个瘦小的少年，毕业的"院校"是少林寺。

我当即一个直勾拳就上去了，那哥们儿没想到我出拳如此快准狠，他还没来得及反应脸部就被命中。剩下的两个看见同伙吃亏，"嗷"一嗓子就拥上来了，其中一个掏出水果刀，那水果刀还是袖珍的，掰了一下才掰开。

我一看就乐了，在少林寺什么兵器没有用过，拿这么一个小玩意儿来吓唬我。我看墙边有一堆晒干的树枝，便弯腰快速从中抽出一根棍子，直冲着拿刀的那哥们儿的脸上扫去，那哥们儿还没来得及施展水果刀法，就被我的少林棍法打翻在地。我在十招之内就将他们全部搞定了。

其实，就算我不是从少林寺出来的，不会任何功夫，打死也不会任他们抢去手机。因为手机丢了，那些导演联系不到我，我就没有机会，没有活路了。

演完《天下无贼》之后，我知道了天下还有"明抢"。

12

2006 年，云南，一个温暖的日子里，我坐在挂满了金灿灿的玉米的院子里，穿着乡下少年常穿的毛衣。我已经换了一个名字叫作"许三多"。阳光黄黄的、暖暖的，我坐在那里，羞怯地看着对面坐着的穿军装的年轻人，他是负责招兵的，来做家访。

他英姿飒爽，名字叫史今，端正地坐在那里，温文尔雅。我渴望他带我走，好让我摆脱"龟儿子"的身份，也让我远离村里少年的欺负，早些长大成人。

史今的目光温暖却坚毅，盯着我，很恳切地问："许三多，你想当兵吗？"

那是我参演电视剧《士兵突击》拍摄的第一天，也是第一个镜头。我面对这一群身穿军装，要拍一部真正有精神气作品的人，也面对着接下来的巨大挑战——一部以我为主角的军旅戏。

拍完这个镜头，我很不自信，不知道刚才的表演是对还是错，我茫然地回到了监视器旁边。他理着寸头，一张国字脸，坐在监视器后面。他是一个来自草原的魁梧汉子，说话很是干练爽朗。他看完我的表演后说："就是这个感觉，宝强是很聪明的演员呢。"

那是我第一次在他面前表演，听到他的赞扬，我变得很放松，觉

我很怀念和兄弟们一起摸爬滚打的艰苦岁月、美好时光。
今后我会像许三多一样，无论在平地还是绝境，
都不抛弃、不放弃，好好地活着，做有意义的事。

得我的表演路子对了。有时候人在起跑线听到的一声"加油"，胜
过在终点听到的欢呼，我更加感激这部剧，让我认识了更多这样的
他们。

他叫康洪雷，是这部电视剧的导演。

一年以后，这部电视剧火遍全国，我也陪着"许三多"这个人物再一次家喻户晓。

这个本子是我演过《天下无贼》之后，小刚导演的夫人徐帆老师帮我挑的，当时我正一门心思地想上一部武打片，功夫明星的梦一直在我心底。

徐帆老师知道我的纠结后，说："孩子，上《士兵突击》吧，这是我们走过的路、合作过的导演，我们不会害你的。"

后来，我有幸与"许三多"相遇，共同度过了一段难忘时光。观众们称呼许三多为"中国的阿甘"，阿甘以海绵化水的耐力，在漫长的岁月里，从来没有过寂寞、绝望的感受，以近乎痴绝的固执，去做常人所不相信的事。也因为他，我知道了，无论在平地还是绝境，都应该不抛弃，不放弃。纵然荒野无人，只剩下我独自行走，我也会整理着装，在我的人生道路上踢着正步前进。

13

为了演树先生，我把胡子留得很长，穿着邋遢的衣服，站在村头，看着远方田野上覆盖着的皑皑白雪。抽烟的时候，我总是习惯性地伸伸胳膊，然后从鼻子里喷出两道直直的青烟。

冬天很冷，冰天雪地里，我在一个交通闭塞的东北村庄，体会着一个乡村"屌丝"的辛酸。当时有很多商业大片邀请我出演，但是我毅然决定出演《Hello！树先生》，因为这个剧本打动了我。

树先生是当代版的"阿Q"，他的口头禅就是"给个面子"，但是他从来没有得到过面子。在别人眼里，他轻若草芥，他只是假装自我感觉良好，处处捍卫着可怜的尊严。

我常常想，如果我不走出故乡，我就是树先生本人。在我的故乡，周围每一个人身上或多或少都有树先生的影子。甚至我走出了故乡，我觉得我依旧是树先生，在为获得尊严和别人对自己的肯定而奋斗着。而那些在夹缝中生存，像树先生一样捍卫个人尊严的人，何止千万？

苦尽才能甘来。后来，我凭借这个角色拿了很多奖，还获得两次国际影帝的称号。

14

泰国的天气比想象中的还要湿热，这是我第一次去国外拍戏。从冰天雪地到椰风轻拂，从乡村"屌丝"到泰式笑星，这个转换幅度可谓是 180 度。

《泰囧》的拍摄经历也是一部"泰囧"。有一次在拍摄公路追逐戏的时候，黄渤意外走错了车道，和一辆小汽车发生追尾，这就坑了在副驾驶座上没有系安全带的我。巨大的碰撞声中，我一头撞上了车窗玻璃，直接就晕了过去。剧组工作人员把我送到医院，检查后才知道我被撞成了轻微脑震荡。

有一次我们在山里面拍摄，意外遇到了山洪，我们慌忙向着高处奔逃。幸亏发现及时，否则人就真的被放倒在囧途之上了。

当时谁也没想到，这部片子会开启以小成本撬动大收益的商业喜剧片时代，票房一直呈井喷的气势，它创造了电影界新的历史，成为首部票房过十亿的国产电影。

人们也从这部电影中看到了"宝宝"的喜剧表演才能和商业价值。只是我没想到，这不是我唯一一次在泰国拍摄，我的兄弟陈思诚做了导演之后，我们携手再一次来到这里，拍摄了一部票房和口碑都不错的《唐人街探案》。

15

那天，在杀青宴上，我哭了，哭得像个孩子。

他32岁时就执导出经典之作《黄土地》，40岁就拍出享誉世界影坛的《霸王别姬》，他是我敬佩的人。

他很儒雅，身上有80年代知识分子的气质，说话富有条理，声音很有磁性，像是教授在讲课。在片场，他却是最辛苦的一个，在拍摄的200多天里，从来没有迟到过。拍摄中出现问题的时候，他从来没有畏缩过。

我有幸参演了他执导的《道士下山》，并创造了在一个剧组里待的时间最长的纪录：7个月。在那200多天里面，我目睹了他做导演的扎实功力，给演员讲戏的时候诀窍脱口而出，那也是我偷师的7个月。

他对我说："演而优则导，宝强，这么多年你演了这么多好戏，肯定有自己想要表达的东西。你去试试吧，你的第一部戏肯定不会差。"

我可以吗？虽然还是学生，但是学生也可以完成一份学生的作业吧。完成《道士下山》的拍摄以后，我觉得我也可以下山试试了。

16

从那个3月的下午，一个饥肠辘辘的少年，迷迷糊糊地站在北京西站广场上，一转眼，十来年过去了。是的，真快！与面对少林寺山门和北京城一样，在这十来年间，我面对过很多让我紧张的场合和人物。到后来我才知道，其实让你紧张的只是紧张本身。

当你推开那扇门，就打开了另一个世界。在那一刻，你有多紧张，可能面对的就有多少机会。

17

十几年前，我的活动范围仅仅是大会塔村的村南村北，或者少室山的山上山下。此后的十几年，我去过很多地方、很多国家，经历过很多故事，遇到过很多导演、剧组，面临过很多抉择、困惑。**真的是一番番春秋冬夏，一场场酸甜苦辣，看惯了悲欢离合、追名逐利，我顶着质疑，溯流而上。感恩有贵人扶持，观众抬举，才能一路跟跄走到今天，站在了这里。**

18

我很感谢我向往和从事的这个职业，它与其他职业最大的不同是可以让很多人见证你的成长。十四年间，我演了很多角色，在摄像机前面融入他们的悲喜。其实只有我知道，虽然他们的故事很精彩，但最精彩的还是那个叫作王宝强的角色。有很多次我想把我自己讲给你们听，但每个人只盯着"傻根""宝宝""唐仁"，人们惊叹于他们的光怪陆离，却不怎么看得到躲在他们身后的我。正如人们只在乎红彤彤的冰糖葫芦，却没人在乎那根串起它们的签。

好在这些年，我所有的成长你们都看到了。从一个人到几十人，我有了自己的团队，再也不是那个曾经在北影厂门口排着队，等待着别人手指头随意一点的卑微的我了。

我也为父母在老家盖了一座房，两层的房子屹立在大会塔村，很是气派。每次回去看到它，我都会想起八岁那年在玉米地里对母亲说出的话，我兑现了我的承诺。尽管母亲不舍得开空调，说过去我们100块就能活一个月，现在一个月光电费就得200块，我依然很开心。

在别人看来，或许我已经提着昨日的千辛万苦换来了今日的美满幸福。其实最不该矫情的是我，因为相对于付出而言，我已经得到太多太多，还有什么奢求呢？

19

一个叫作鲁迅的倔脾气老头曾经说过：不满是向上的车轮。对的，永不满足于现状，向前走，才是对过去最有力的尊重。

我不止一次问自己：你的梦想只是做一个演员吗？你走到了这里，你还要什么？还有什么要突破的？

与我擦肩而过的那些人、我演过的那些角色，他们从来没有随着电影的杀青而杀青。我往往会有一种恍惚的感觉，他们就是我，在未来的日子里附体前行；但他们又不是我，只是借了我的身体暂时还魂，他们只是借我表达，当表达结束，他们就会离我而去。离开他们后，我往往会想念他们；离开他们后，我往往会迎来更多个他们。

很多个夜晚，我不止一次地问自己：什么时候才能看到迎面走来的就是我自己呢？

每一次问都只有一个答案：只有做那……那个，才能把你内心的话表达出来；只有做那……那个，你才能演你自己。

20

我的小名是二犟，想做什么事情，不做成决不罢休。在我还没扫帚把儿高的时候，如果我正在院子里扫地，就算是有小朋友找我玩，我也必须得把院子打扫完，才会和他们一起出去玩。

很多同龄的孩子都有过想去少林寺学武的梦想，但是这个梦想对于他们来说只是一闪而过的念头而已，很快就会妥协于老师和家长的安排了。估计有很多的少年也有过想去北京拍电影的冲动，但只要想想那未知的远方，再看看安逸的现在，就不由自主地停下了想冒险的脚步。

谁都有心走天涯，奈何鞋里灌满沙。人只有走出自己舒适的小世界，才能有所成就。躺在既有的功劳簿上，只会风化成肉干。

我就是因为倔，才远走少林寺，不在乎别人的质疑，去北京打拼。也是因为痴，在刚到北京最难的日子，饿着肚子在工地上搬砖的时候，也没丢了演员的梦。有幸成为演员之后，更没有忘记不能固化在一种风格上。在尝试过多种风格以后，我又在想，怎么才能说出自己想说的话，讲出内心想讲的故事呢？

还是只有一个答案：只有做那……那个。

21

我已经磨叽得够多了。

那个，那两个字是：导演。

今天，我站在这里，面对坐在我对面的导演们，也是我的老师们，我得把这句话说出来："我想成为一个导演。"

正如十来年前，我努力说出我想成为一个演员一样。

22

那个夜晚，那个我第一次看到《少林寺》这部电影的夜晚，我就怀揣了一个演电影的梦。我怀揣着这个秘密，不甘心像父辈那样面朝黄土生活，毅然走向了远方。我特别渴望能够成为银幕中的他们，飞檐走壁、撒石成雨、仗剑天涯、除暴安良。可是，上天并没有因为我有这个梦想而格外眷顾我，把我生得不是那么英俊，也不高大。我觉得人们看我的时候，就像钢七连连长高成看许三多那样，眼光就从我头顶掠过去了。

自《盲井》以来，我一直在为做一个合格的演员而努力。我的角色也一直在变换，从打工仔到神话人物，从憨傻到侦探，从士兵到冷面杀手，我想尝试的大多都尝试过了。直到演完《道士下山》，我想，我应该算一个演员了吧？

23

在进入这个行业之前，演员在我心中是光芒万丈的存在。但是在进入这个行业之后，才发现他们的背后还坐着一个更牛的人：导演。如果说演员是孙猴子，那导演就像是如来佛祖，再大的腕儿也蹦不出如来佛祖的手掌心。

在《泰囧》大获成功以后，我曾接到很多的邀约，很多人都希望让我来执导一部电影，但是我迟疑了。因为我没有准备好，我还只是一个演员。电影不仅是艺术，也是商品，我担心投资人的钱在我手里打水漂了，我更担心辜负无数观众对我的期待。

总而言之，我觉得如果把当导演比作去西天取经的话，我认为我才走到了玉门关。

24

主演了这么多戏，与我合作的大都是一流的导演。在与他们合作的过程中，我都暗暗在学习、吸收，来为我自己的小宇宙积聚能量，包括每一个剧组的灯光老师、道具老师、美术老师……这些合作过的同事都是我取经的对象。

一路积累，一路学习，我一步步在向前走。每加入一个剧组，都有新的收获。直到有一天，著名编剧束焕老师聊到了《大闹天竺》的故事雏形，才燃起了我心中的火焰。这正是我想讲的故事、想饰演的角色、想拍的画面、想去的国度，更让我有信心的是，我已经有一个专业的团队。

　　每每看到这个剧本，我就会想起童年的无数个日子，我迎着阳光
和小伙伴们在村子里奔跑，在秋收后的田野里，翻着筋斗，有种飞翔
的感觉。我也会想起十多年前的那个 5 月，我在北京游乐园里穿着孙
悟空的衣服，在空中翻着筋斗的满足感，以及观众的欢呼。那一刻，
我觉得我要飞起来了。

　　我们用了两年的时间来打磨这个剧本，不断地开会、碰撞，多次
远赴印度看景，与印度方会谈。在这个过程中，我感受到了创作的快
乐。那种快乐，就像我八岁那年，一步步接近少林寺那样让人兴奋。

　　以梦为马，莫负了这大好时光。

25

　　我相信每个 80 后都有一个西游情结。我喜欢西游的故事，崇拜
玄奘法师和孙悟空。玄奘法师向死而生，以无我相、无人相、无众生
相、无寿者相的精神，孤身启程，横越万里，从印度取回真经。回国
后，他最想终老的地方就是少林寺，上报朝廷多次，但都没被批准，
最后他怀着对少林寺的向往，含恨离世。

　　我所做的事情的意义自然不能与他所做的相比，但是冥冥之中，
我们又有着穿越时空的缘分。我走了一条相反的道路：我从少林寺出
发，去印度完成多年的愿望。

26

　　等一切都就绪的时候，我想，我可以试试了。

27

在推崇榜样就是力量的时代里，我从来不认为我是一个榜样。我的故事很简单，简单到可以浓缩到一滴水里，一粒尘埃里。一个出身卑微的少年，两手空空，有的仅仅是胸中的梦想。在母亲的眼泪和父亲的沉默中，带着家里仅有的 80 块钱，消失在大会塔村外的道路上。他甚至不知道出去之后，今夜该睡在哪里，他只是觉得不该像父辈那样生活，只要固执地像玄奘那样行走，远方就应该有一方属于自己的西天厚土。

在离开之后，他再也没有回去。他唯一值得骄傲的是从没有因为卑微而轻视过自己。他别无所长，只是在一次次的冷遇和失败面前，在一次次重大的抉择面前，总是站在了适合自己的这一边，并且靠着笨劲和死磕，撞出一方门洞，看到了南墙之外的一片风景。是的，在选择这件事上，没有对错，只有适合不适合。

所以，我不值得模仿，唯一值得模仿的，只有你自己。

28

我依旧是站在少林寺山门前和北京西站广场上那个自卑、迟疑的孩子，只不过，如今的我与他相比，更加知道了该往哪里去。**在面对一次次挑战和质疑时，在一次次面对机遇和未来时，我知道了该怎样迈出脚步，挽住命运之缰，固执地用脚步丈量远方。**

只有面对，才能走对。

29

　　我是个笨人，只会一步一步地走。我从大会塔村启程，用了六年到达少林寺；从少林寺到北京，用了十年。我想，之前的一切做演员的经历都是为了我今天在印度做导演而做的准备。所以，从我在《盲井》中出发到印度讲出自己的故事，用了十四年。

　　漫漫取经路，上下而求索。如今，我站在这里，灯光打在我的脸上，一切都静止了。我感觉台下的人都在看着我，他们之中有李杨导演、小刚导演、凯歌导演、保平导演、徐峥导演、思诚导演、韩杰导演。他们像是坐在监视器后面，看我第一次演绎一个角色。还有很多关注、陪伴我的人，他们在各种直播平台上注视着我。我捧着我的作文，战战兢兢，像是做检讨的小学生，我要把它念给他们听。

　　我要弱弱地告诉他们：我要成为一个导演了。我要自信地告诉他们：我要去取经了。

　　我又一次在面对了，这一次，我是不是还像十几年前那个推开门面对着一屋子的人一样忐忑不安呢？

30

　　静，除了钢琴演奏的背景音乐，我只听得到自己的声音：

　　十四年前，我在北影厂门口一棵大树底下蹲着，等着被群头挑中，到剧组跑龙套。那时候，大多数人看着我的情况，会觉得，王宝强，你看上去，不像一个演员。

　　其实我……也是这么觉得。

十四年间，发生的一些事情，很开心大家一块儿看着了。

2003 年，一个叫李杨的导演选中了我，出演了《盲井》，后来，我有幸拿到了金马奖的最佳新人奖。我觉得，自己一定是历史上颜值最低的获奖者。

2004 年，一个叫冯小刚的导演选中了我，出演了《天下无贼》，后来的一段日子，观众们喜欢叫我"傻根儿"。

到了 2011 年，有人叫我"树先生"，这得感谢韩杰导演。

到了 2012 年，观众开始叫我"宝宝"，这是徐峥导演的功劳。

2016 年，我就琢磨自己啊，现在，应该是一个演员了吧。

十四年间，我尽力把每个角色演好。而有个事儿，一直藏在心里，到今天，才有点好意思，想跟大家说一下。

那我说了啊……说了啊……

我想当一个导演了。

哈哈，说完这句话，我感觉直接回到十四年前，很多朋友的反应也如同十四年前一般……

嗯？王宝强，你看上去，不像一个导演。

那我为什么要做导演呢？

因为内心有个埋了很久的故事想表达。它是喜剧，还有功夫，尽量老少皆宜，同时得励志走心。三年前，《泰囧》之后，有片方找我拍，但那时我觉得自己还没准备好，真怕给它搞砸，就拒绝了。学习、积累到今天，我觉得，应该能试试了。

而且，我真憋不住了，好想讲给大家听。

之前做演员，我是在导演的故事中塑造角色，这回是讲自己的故事。

做演员的经验，自然会帮助到我。而且我在努力了解剧组，了解功夫，了解怎样才能让剧情更好笑。在徐峥导演那儿，学着在国外拍戏，该如何解决麻烦；在凯歌导演那儿，学着人物要怎么走心；在思诚导演那儿，学着怎么讲一个有反转的故事；跟着所有摄影老师、灯光老师、道具老师、服装老师，学着如何让每个环节不出岔子，最后拍出来的东西，可以叫作电影。

我比较笨，学了十四年。

还是因为比较笨，我今年推掉了所有戏约，只做这一件事儿。

今天，全国主要媒体老师都在，我保证，我会拼尽全力，克服种种困难。我保证，会玩了命儿拍出自己心中最好的故事。我保证不辜负一路遇见的恩师、观众，以及你们。

2016年，我想变得更强，我是学生，王宝强。

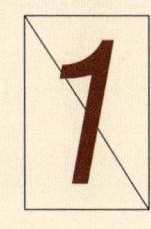

1

只有做到，
才能得到

苦就像山间的隧道，
是黑暗中的那点亮光

去过少林寺的人都知道，它位于嵩山的腹地少室山，建在茂密的丛林中。佛家修炼，一般都要选择一个清苦之地，越是与外界没有关联越好。直到现在，去少林寺的唯一方式还是坐汽车。我刚去的那几年，公路还不太好，柏油马路常常进出石子，坑坑洼洼，一下雨的时候，坦克到这里也能熄火。那时候的山民还没有办农家乐的商业头脑，顶多就是在路边摆个小摊卖些山珍野味。我们除了能看到来这里的背包客，就是山间各种扑棱着翅膀飞翔的鸟。所以，兜里有零花钱的时候，也是买不到零食来打牙祭的——何况还没有零花钱。

刚去少林寺的前三年，生活极其枯燥，我原本以为来少林寺可以学习飞檐走壁，没想到每天就是和师兄弟一起跑步、爬山。这些毫无技术含量的活动，让我一度觉得很是失望。早上跑步的时间是：冬天清晨五点，夏天清晨四点。在一片漆黑中，我们从少林寺跑到山上的达摩洞，山很陡，有时需要手脚并用。有时，一不留神，脚下一滑，就能从山坡上像皮球一样滚下去，到地上的时候却不能像皮球那样安然无恙。冬天里，大雪封山，我们就从少林寺跑到登封市区，十余公里的路，每天都是天还没亮就出门，再迎着朝阳回来。

　　跑步只是预热，练功才是一天的主项。下盘功夫是武术的基础，我们每天都要踢腿、劈腿、马步、虚步、仆步，稍有差池，就会被师父罚扎三个小时的马步。腿一会儿就酸疼得不行，但是专门有师兄在背后监督，只要一偷懒，一棍子下去，屁股就肿起来。

　少林寺六年的生活，让我明白了：
　功夫和成功一样，并非从天而降，
　都必须脚踏实地，一步一步向前走。

每天训练完，就觉得腿疼，钻心地疼，脚底也疼，一上床就能睡着。有天晚上睡觉忘了脱袜子，早上起来一看，袜子的一部分已经和凝固的血块牢牢粘在了一起。我感到身体像气球一样，走起路来轻飘飘的，同时脚又像大棒槌，有千钧之重，提不起来。

不过，训练不会因为你的疼而停止，反而每天的训练量都会增加一点，每增加一点，疼痛就会加剧一分。有那么一段日子，我甚至觉得晚上脱下的鞋，第二天早上就再也穿不上了。有好几次我都想去山上的小商店给母亲打个电话，大哭一场。好在我都克制了自己，一是因为路是我自己选的，我要面对和坚持；二是电话费太贵了。

有天早上，我欣喜地发现，我的腿不疼了，走起路来特别畅快。那天早上，我迎着嵩山的朝阳奔跑，像是要飞起来。中午练功的时候，我高兴地把这个消息告诉了师父，师父说："你的韧带已经全部打开了。"果然，从那天开始，我下腰能弯成整整一圈，头也能钻进裤裆里了。

要练武，莫怕苦。从那以后，提水桶上山也好，在腿上绑沙袋也好，都不能让我畏惧了。**我明白了，苦就像山间的隧道，就是一个过程，坚持在黑暗中朝着那点亮光向前走，很快就会重见天日。**

从嵩山上下来后，我对吃苦无所畏惧，我想，这是比学会功夫更有价值的一件事。

追梦的路上，谁不是披荆斩棘？

人就是这豆秸，
只有摔打才能迸出金豆

在我的老家邢台，每到秋天都会有很多的大豆成熟，大豆金灿灿的，在金黄的阳光下远远望去很美丽。母亲说，大豆是金豆，营养丰富，可以用来榨豆浆、做豆腐，也可以用来做腐竹、豆皮。母亲把大豆收割回院子里，用手拿着豆秸往地上摔打，豆子便从炸开的豆荚中迸出来，迸得满地都是。我小的时候，母亲就边摔豆秸边告诉我：**人就是这豆秸，只有不停地摔打，才能有金黄的豆子出来。**

从少林寺练功到演戏，受过的皮肉之苦不计其数，每次受伤的时候，这句话都陪伴着我。**无论受多少苦，我相信都是上苍对我的摔打，而在摔打的同时，会让我看到金灿灿的果实。**

一天的时间，我摔伤了两次

在拍摄《大闹天竺》的时候，转场到印度第二个城市贾沙梅尔不久，我就在拍摄现场受伤了。

因为印度先人在设计贾沙梅尔城市格局时，汽车和摩托车还没有发明出来，所以当人或牛行走在街巷的时候，两侧的宽窄度就很合适，但轮到车想进来的时候，就显得很是尴尬。摄制组的大车要进来想也别想，直接就卡在巷子口，摄影机器只好靠人扛过去。好在剧组专用的丰田小商务车可以穿街溜巷，能把演员直接送到拍摄现场。

巷子本来就窄，偶尔还会遇到优哉游哉的牛大爷们。本来很窄的街巷，牛横着就能全部占据，它再摇晃一下尾巴就直接能扫墙了。

这次拍的是我与白客被很多印度猛男追逐的戏，道具组给我找来一辆相对好开的踏板摩托车，要求我带着白客在狭窄的巷道里逃窜。在正式开拍以后，我骑上摩托车就感觉印度人的魔性附体，加大油门开始在巷道里飞奔。

第二次正式拍摄的时候，我本来想加大油门前进，怎料扮演行人的群众演员配合不默契，看到我和白客呼喊着过来，闪躲得有点慢。而当时我的眼皮已经化妆成肿胀的模样，几乎遮蔽了我大半个眼睛，视线处于模糊状态。忽然，我看到前面地上有一个台阶，我猛转方向，只感到摩托车把猛然一沉，心想这下完了，只听"咔嚓"一声，摩托车已经倒在地上了。我扶着摩托车把的右手最先着地，紧接着我和白客被重重摔在了地上。

定下神来，我感到右手火辣辣地疼，我赶快看了一眼旁边的白客，所幸他没事，只是受了点惊吓。我就有点惨了，因为右手砸在地上，五个手指关节处全部破皮，露出血淋淋的肉，手也无法再握紧。

快黄昏的时候，接着拍摄另一场追逐戏。十来个印度猛男或坐或站在一辆摩托车上，从后面呼喊着追逐的时候，我带着白客开始惊

这些年演戏，受过的皮肉之苦不计其数，
而每一次的受伤，我相信都是上苍对我的捶打。

慌失措地逃窜。摩托车拐进一条巷子，我晃晃悠悠地开着，觉得这
么慢肯定万无一失。正在盘算着快要拍摄结束的时候，猛然看到前
面巷子右侧还摆着一个卖手工艺品的摊位，占了近一半的巷道。眼
看摩托车要撞上这个摊位，我忙攥着摩托车把往左猛拐了一下。就
是这一拐，导致摩托车再次失去平衡。白客眼疾手快，忙闪到一旁，
却也没有完全躲过，被摩托车后面的支架砸中了左脚踝，而摩托车
车身直接砸在了我的身上。

我意识有些模糊了，只听到现场工作人员一阵惊呼，还有朝我飞
奔过来的慌乱的脚步声。我闭着眼睛，无力睁开，躺在坎坷不平的石
板路上，身上还压着那辆摩托车。忽然觉得身上一轻，摩托车已经被
人抬了起来。

我闭着眼，像是昏迷了过去。就这么过了五分钟，我听到周围很
静，能感觉到工作人员都在紧张地注视着我，他们的心此刻估计都提
到嗓子眼了。

终于觉得身体缓过来一点了，我努力睁开了眼，恍惚中看到白客
坐在一旁的石阶上用手揉着脚踝，一副难受和惊恐的模样。我想开口
安慰他，刚叫了一声"白客"，就忍不住张口大笑了起来。白客也大
笑了起来，说："导演，今天坐您的车可真是忘了交车费了。"

恢复了一些后，我和白客被助理搀扶进了临时安置的休息间，
由跟组医生检查了一下伤势。幸亏腰上绑了防护工具，否则后果不
堪设想。白客坐在我对面，用冰袋敷着有点肿的脚踝。我们坐在
院子里，看着夕阳涂抹在金色的建筑上，想起这一天经历的两次事

故，相视而笑。我聊起了我在以往的拍摄中所经历的一次又一次的冒险来。

经历过，才懂得

　　选择了演员这份职业，就意味着你要去过很多种生活。当然，也包括危险的生活。当导演喊开拍的瞬间，你就不是你，而是你所要诠释的角色，所以为角色受伤，往往是演员职业风险的一种。我曾经看过一篇关于成龙的报道，他从头到脚，受伤的部位多达 17 处，其中仅鼻梁就受过 4 次伤。有成龙影迷绘制了一张成龙的受伤图，一张通过 X 光照射的骨骼图，图上标注成龙这些年的受伤状况，真可谓"伤痕累累"。李连杰曾经右腿内侧韧带、两根十字韧带和外侧半月板全部断裂，做过一次长达七个小时的手术。住院两个多月，出院后还"光荣"地领取了国家三级残疾证。

　　八岁那年，第一次看《少林寺》这部电影，李连杰饰演的觉远在银幕上英姿逼人，直接燃烧了我少年时懵懂的心，也让我铁了心去少林寺学武。在少林寺练功的时候，受点小伤是家常便饭，进入影视圈后，更是大伤小伤不断，久而久之也习惯了。

群头都知道有个不要命的武替，叫王宝强

　　刚到北京的时候，我从群演逐渐混到了武行替身。有一次，我需

要不停地贴着墙往地上摔，那天我特别卖力。晚上我回到出租屋，浑身是伤。就是这样玩命地摔打，很多群头才算知道有个不要命的武替，叫王宝强。当别人都假摔时，他真摔。

当初和甄子丹拍摄《一个人的武林》，在高速公路上，刀棍翻飞，拳拳到肉，毫不手软，动作戏一拍就是一夜。第二天醒来，身上全是瘀青。

从《士兵突击》片场的湖中被捞起

往往一部片子挑战越多，出彩的可能性就越大。印象最深刻的一次危险拍摄经历是在拍摄《士兵突击》的时候。当时拍的是许三多和伍六一参加老 A 考核的戏份，要全副武装穿过一个湖泊。拍摄的时候，我和伍六一背着装备，在二十多米深的水里泡了四个小时。当时的剧情是许三多泡在湖泊里，因为水太冷，泅渡时间长，而开始说胡话，恍惚中他还以为自己在钢七连。实际拍摄的时候，我根本不用表演，因为当时的状态比剧情需要的恍惚状态还要恍惚。

那天，我和扮演伍六一的演员邢佳栋长时间泡在水里，一会儿是录音出了问题，一会儿是阳光不行，最后泡得我手脚发白，身体沉甸甸的，不由自主地向下沉。好在导演及时发现我状态不对，赶忙让工作人员把我捞了起来。那天我算是捡回来一条命。

我出身于少林，功夫明星的梦一直在我心底，
后来在《一个人的武林》里终于得以圆梦。

现实版《泰囧》

拍动作片危险，但拍喜剧片也不一定就安全。《泰囧》的拍摄也是囧事不断。《泰囧》中有一场取景于清迈街道的戏，我和黄渤要在狭窄的道路上飙车。最开始试戏时一切正常，这让我们放松了警惕。真正拍摄时，黄渤因为要边开车边转过脸来说台词，这导致他严重分神而走错了车道。由于车速太快，我们的车与前面一辆行驶过慢的小汽车快速地吻在了一起。伴随着巨烈的撞击声，副驾驶座上没系安全带的我飞了出去，一头撞上了车窗玻璃。于是，飙车戏变成了撞车戏，剧本改得太快，完全不在徐峥导演的控制之中，这让一旁的黄渤和徐峥吓得几乎陪着我晕过去了。

人在受伤的那一瞬间会对自己的伤势有所预知，比如这次在印度从摩托车上掉下来时，虽然有点晕，但是我能感觉出来并无大碍。不过那次撞车却不是，受到重创的是头部，我连意识都丧失了，怎么会有预知呢？只觉得头一阵嗡嗡响，眼前一片黑暗，无法动弹。徐峥立刻宣布剧组停工，把我送去了当地医院。到医院时，我基本是半昏迷状态，后来稍微清醒了一些，我摸了摸脑袋，发现额头肿了一大块。医生诊断后，说是轻微脑震荡，治疗得当的话，就不会有后遗症。

脑震荡风波刚过去，我们竟然在拍摄现场遇到了山洪暴发。剧情中有这么一段，是我和徐峥从大象上摔下来后，不得不蹚着溪流，以最快的速度穿越丛林。虽然在片中这个镜头只有几秒钟，但为了达到完美效果，徐峥反复拍了好几次。午饭的时候，下起了雨，雨越下越大，剧组在小溪边搭了一个帐篷，将摄影器材都放在帐篷里。所有人也都挤在帐篷里吃饭，这里像是一个避风港。大家在帐篷里说说笑笑，徐峥还脱了鞋，所有人都很放松，等着雨停继续开工。

突然间一阵"轰轰隆隆"的声音，像是猛虎下山一般。不知是谁大喊了一声："山洪暴发了，快跑！"一个场记正端着碗喝汤，听到"山洪暴发"，刚喝到嘴里的汤不由自主地喷了出来，流了一脖子。有几个剧务正打扑克打得兴起，听到外面声音不对，忙把扑克扔了一地。输了的人脸上贴着的纸条也顾不得撕掉，抓起东西就往外冲。摄影组抓起摄影器材拼命往外跑，每个人的手里都不闲着，能带的东西都夹着带走。如果摄影师能够从容不迫，拍下我们当时的囧态的话，相信我们凭着这一段真实的反应就能够问鼎奥斯卡。

我们刚刚撤离，大水就席卷而来。我们站在安全地带，眼睁睁地看着水面上漂着来不及带走的一个苹果箱、一个喝水的杯子，还有徐峥的皮鞋，在混浊的溪水中打着旋儿，迅速向着下游而去。我看了看旁边的徐峥，脸色从来没有过的煞白。剧组人员互相拥抱，庆幸在鬼门关前走了一遭。

真人秀上真骨折

戏里面很多危险的镜头，在拍摄时也都是很危险的。观众的审美能力日渐提高，在影视作品里，你的状态是真是假，观众一看便知。影视如此，真人秀更是如此，真人秀的精髓就在于"真"字。

2014 年 3 月 24 日，河南漯河，我参加了一档叫作《真正男子汉》真人秀节目的录制。在和演员刘昊然玩平衡木对抗的游戏时，我不慎被推，从平衡木上重重摔了下来，意外磕到小腿，导致右腿腓骨骨折。当时刘昊然看到我受伤这么重，因为自责在一旁大哭。而我的脚本来就有些旧伤，感觉这就是一个意外。我被就近送到漯河医专三附院接受治疗，腿里放进了钢板，打了八颗钉子。这是我迄今为止受伤最严重的一次。跑男团长邓超第一时间发布微博问候："宝强参加这个节目是为了重温当年不抛弃、不放弃的坚强精神。但拍这类节目真的容易受伤，因为不是作秀，是真刀真枪地干。相比某些只知道作秀和赚眼球的综艺节目，这种敢打敢拼的精神令人敬重。"我看了很是感动。

盛夏 7 月，我的嘴上缝了 10 针

《大闹天竺》有很多武打和飞行的戏份，这就免不了吊威亚，而较真的我坚持在拍摄危险场景时也不用替身。7 月 11 日，拍摄我所扮演的武空在小楼墙壁上攀缘，阻止拆迁队拆迁的动作。这是高难度的连贯动作，需要我从三四米高的云梯之上转身站到墙壁中间凸出来的水泥梁上，然后拽住一根铁杆，一个翻转脚倒挂金钩，再一个跟斗翻到距离地面有六七米高的楼顶上。在水泥红砖之间翻转腾挪，稍不注意就会受伤。因为拍摄难度大，我们一连拍摄了几遍。

在翻一个跟斗的时候，一不留神，我的嘴直接撞在了凸出来的铁

杆上。鸡蛋碰石头，说的应该就是此刻的我吧！顿时，我感到嘴部传来一阵钻心的痛，嘴角湿漉漉的，我用手一抹，手上全是鲜红的血。

我疼得一时站不稳，地上的武术指导发现了异样，忙招呼工作人员用威亚把我从楼顶缓缓降落下来。此时我嘴角的鲜血流到了下巴，唇部火燎一样地疼痛。工作人员赶紧找了一把椅子让我坐下，我扶着墙，说不出话来，连接过一瓶水漱口的力气都没有了。

7月的北京，火辣辣地热，我低着头，但能感到整个剧组的人员都在注视着我。休息了五分钟，我用水漱漱口，擦了擦嘴角的血迹，觉得神志恢复了一些。想到剧组百十号人都在等着我开工，我咬咬牙站了起来，要求重新吊上威亚，继续拍摄。嘴部的痛感越来越强烈，但是我不想让今天的拍摄取消，那样会让后面的拍摄更加被动。

我攀上墙，朝着楼顶继续做着一系列危险动作。拍过两条之后，我已经说不出话来了。看回放的时候，我靠着点头和摇头来表示这一条能不能通过。为了防止伤口感染，制片人老孙往我嘴里喷了些消毒液，顿时伤口处一阵猛烈的蜇痛，我张开嘴喊叫，声音足以炸山。

当天的拍摄顺利完成之后，我连忙去了医院。医生检查完问我怎么不早点来，他说这么长的伤口，还是在嘴里，再不消炎，伤口感染，后果不堪设想。医生让我躺下，往嘴里撒了药粉，又是一阵强烈的蜇痛，比刚受伤的时候还要痛。医生给我上了麻药，进行了皮肤裂伤清创缝合术，足足为我的伤口缝了10针。

第二天，因为拍摄需要，我一身孙悟空的装扮，脸上粘着一层厚厚的猴毛。我忍着伤口的疼痛，在嘴角附近粘上一层猴毛。摄影棚里

较真的我坚持在拍摄武打和飞行等危险场景时不用替身，
因为只有这样，才能以真实和忘我的状态去复活一个个人物。

高温湿热，化装之后，就像穿上了一件密不透风的贴身羽绒服，伤口隐隐作痛。为了不让伤口发炎，接下来的几天里，不拍戏时我就戴上口罩，坐在监视器前，一边输液，一边指导拍摄。有时候，不知不觉站起来，才想起胳膊上还插着针头。

执导《大闹天竺》的时候，我对演员的表演包括我自己的第一要求就是要自然，不做作。虽然演戏是表演一些虚构的角色和故事，来让观众信以为真，但是我却认为以真实的状态去演戏，才是表演的精髓。摄影机开机的瞬间，我就不再是王宝强，而是许三多、顺溜、树先生，我把我的内心代入，去感受乃至代替他们，去展现他们的悲喜。

我必须以真实和忘我的状态，在摄影机前面创造甚至复活一个个人物。至于我在表演中所受的伤，也算是这些角色留在王宝强身上的一枚纪念章吧。

就像我母亲说的："经得起摔打，才能成为金黄的豆子。"

2

每一场演出，
都是一段人生

保持本色，不放弃自我

我出演的第一个重要的角色，是《盲井》里的男主角元凤鸣。

当李杨导演从一千多个孩子里挑出我来担任《盲井》的男一号时，我并不知道这对我意味着什么。在我的印象里，电影男主角都应该是高大帅气、硬朗有型的男神范儿，我很不自信，又矮又丑，话都说不利索，会不会搞砸了？

不过李杨导演反复说：当初看上你的就是这一点。

我以为电影拍摄会在繁华的影视城，最不济也是青山绿水间，不料我跟随剧组坐上了一辆破旧的中巴车，一路颠簸八九个小时，停在了一个乌烟瘴气的小煤矿。电影在河南西部一个真实的煤矿取景。剧组当时只有三辆破旧的中巴车，住不起好的宾馆，扛设备的师傅晚上都是在地上打地铺。为了配合电影的拍摄，当时取景的常村煤矿全矿停产。不料安排妥当后，摄制组却迟迟下不了井，因为剧组工作人员都没有下过井，心理压力很大。后来导演耐心地给他们疏导，还给每人发了一个 16.8 元的红包，意思是一路发，大家才战战兢兢地下了井。

我握着这个红包，就这么进入地下，光亮过后是深不见底的黑暗。刚下井的时候，正赶上地面上放炮，一声闷响之后，一阵强大的气流进入，大家无不毛骨悚然。在拍一场井工劳动时汗流浃背的戏时，电影场工需要不断地往我的身上喷水造汗。在黑黢黢的地下，我很快就感冒了，但是这天拍的是我的重头戏，我只有忍着高烧拍摄。煤块砸在安全帽上，不时发出"砰砰"的声响，在高烧的状态下和混浊的气味里，我的头晕乎乎的。

突然，刺耳的瓦斯报警器响起，大家急忙丢了手里的东西，条件反射似的冲了出去。当时有些人的逃跑状态用屁滚尿流来形容都一点也不过分。

黑暗中，我闻到了死亡的气息，死神就在附近，下一秒或许就会来临。那一刻，我很想念母亲，我想如果我今天命丧在此，估计她也会像电影里演的那样得到几万块的抚恤金吧？

在矿井中的这个场景一连拍摄了30多个小时，剧组的人都是第一次下井，长时间焦虑和恐慌，精神都接近崩溃的边缘。李杨导演哄哄这个，劝劝那个，就差磕头作揖了。

我作为电影的主演，当然更要撑下去。我在恐惧中，完成了我的表演。幸运的是，恐惧也是当时角色所需要的情绪。

这个镜头拍完了，我们终于出了矿井，朝着光亮上升，每个人都有劫后重生的感觉。令人后怕的是，我们拍完出井两个小时后，井下居然真的塌方了，造成2死4伤。我亲眼见到了现实版的《盲井》，矿工家属同意与矿主私了，家属们拿了三万块钱之后，迅速消失了。在那片黑色涌动的真空地带，真的是人命如草芥。

我第一次接触到激情戏也是在拍摄《盲井》时，当时我连恋爱都没有谈过，比拍矿井的戏还要紧张。

实拍的时候，导演将现场清场。我没想到女演员真脱，她脱掉衣服的时候，我感到血一下子涌到了头顶，顿时蒙了。都说女人是老虎，我这才感觉到了。她向我靠近的时候，我下意识地往墙角躲，心怦怦直跳，好像她会吃了我一样，但是又好奇，不由自主地看向她。

我心想这下演砸了，这条肯定要重拍了。

没想到导演喊："好！停！"然后走过来，拍拍我的肩膀，满意地说："好，不错，过了。"我很纳闷，导演又说："要的就是你这种青涩的感觉。"

《盲井》后来获得了很多艺术奖项，对我个人也具有重大的转折意义。正是因为我在《盲井》里质朴的表演，冯小刚导演才发掘我，要我出演《天下无贼》里的傻根。

傻根和元凤鸣一样质朴，但是元凤鸣是懵懂导致的质朴，而傻根身上更多的是质朴导致的倔强，同时又恩怨分明。很显然，傻根这个角色对演技的要求更高了。

"小刚导演，我不懂表演，怕给演砸了。"小刚导演坐在那里，语气坚定："没关系，我要的就是你身上本来的那个特点，要是你学会了表演，也许就丢了。"

他说出的话几乎和李杨导演一样，这让我怀疑他是不是和李杨导演喝过大酒。

没关系，既然我有出演的可能，我就把握住这个机会，做好自己。于是，我要了剧本，暗暗做着准备。

○
○
○

在拍摄《天下无贼》时，我说起台词来总是像背书，
刘德华对我说："你只管做你自己，就像平常说话一样，
给别人说个笑话，该怎么说就怎么说，自然最好。"
经过他这么一说，我演起来自然多了。

　　第一次试完装那天，小刚导演请几个电影主创吃饭，一桌子副导演、执行导演、统筹人员等等，导演坐在我身边，正和他们聊着，忽然转过头问我："那些台词，你都背完了？"

　　"是啊，导演你怎么知道？我都背完了。"

　　小刚导演赞许地点点头，没有说什么话。

　　导演是一个揣摩人的职业，他虽然坐在那儿没说话，但剧组工作人员，他门儿清。人有时在做事的时候，你不用说什么，只管去做，该知道的人自然就会发现你的努力。

　　当时，演员名单还处于保密的阶段，傻根这个重要的角色究竟要不要我来演，还是个未知数。我觉得，可能就是我这个认真劲儿，才让导演下定了决心。

　　刘德华和刘若英也给了我很多表演上的指导。电影里有一段傻根和狼的故事，我说起台词来总是像背书。刘德华对我说："你只管做你自己，就像平常说话一样，给别人说个笑话，该怎么说就怎么说，自然最好。"

　　经过刘德华这么一说，我自然多了。是的，傻根就是我，一定要"去表演化"，同时也要"去王宝强化"，我与这个角色真正融合在一起的时候，表演就不落痕迹，但同时表演又无处不在。

　　有一次，拍一场哭戏，我怎么也哭不出来。全剧组的人都在等着我，但是我就是找不到感觉，越是急，越没有感觉。小刚导演给我倒了一杯啤酒，我喝下后，除了晕还是找不到感觉。

　　这时，刘若英走到我面前，轻轻对我说："弟弟，这个电影播出以

有一次拍摄一场哭戏，我怎么也哭不出来。

刘若英说："电影快要杀青了，咱们姐弟俩也很快就要分开了。"

想到要分别，我的眼泪便奔腾而出。

后，所有的观众都知道咱们是姐弟俩。咱们姐弟俩在一起这么长时间，电影快要杀青了，也很快就要分开了。"

那一刻，想到要分别，我的眼泪夺眶而出，我忘记了镜头在拍摄，真的哭了。

保持本色，不放弃自我。演过这两部电影，我总算找到一些表演的感觉了。

想要和得到之间，
还有两个字：做到

主持人陈鲁豫曾经问我："你最希望你的孩子长大懂事以后，看你的哪一部作品？"

我毫不犹豫地回答："《士兵突击》。"

是的，《士兵突击》在我内心占据着非常重要的地位。

其实，当初在接到《士兵突击》剧组邀约的时候，我很矛盾。因为我一直觉得军旅戏不适合我，只有功夫戏才是我一直想要的。后来经过徐帆老师的劝导，我才答应先看看剧本。

"谁是编剧？我要杀了他。"我看完剧本以后就说了这一句话。

剧本看得我热血沸腾，又常常泪水如瀑。我觉得，这简直就是照着我的经历写的。一个自卑又倔强的许三多形象，在我的脑海里挥之不去。

剧本里，父亲总是称呼许三多为"龟儿子"，动不动就踹上几脚。我想到了我的童年，父亲也是经常板着脸，我一犯错就把我揍上一顿……

我和许三多有太多的重叠，我迫不及待地想投入这个角色。

试装那天，我在镜子里看到了我穿军装的模样，立刻就找到了感

许三多的精神，不是奴性和忍耐的精神，
而是靠着一步一步地行走，来寻找自由和尊严的过程，
我陪着许三多一步一步蜕变，以至于在演的时候，
我都分不清自己究竟是许三多，还是王宝强。

觉——而这种满足感即使是功夫片也给不了的。

在决定出演许三多之后，小刚导演给了我五个字：憨、傻、孬、木讷。他说这是他对许三多这个角色的总结，我要牢记于心。

《士兵突击》剧组也像是军营，采取的是封闭拍摄模式。这是一个特别纯粹、简单的团队，每个人都很认真，他们立志要打造一部拿得出手、叫得响亮的作品。半夜时分，剧组的主创们还在精力旺盛地讨论台词、角色走位。第二天天还没亮，就都精神抖擞地出发拍摄了，他们个个就像是打了鸡血。

康洪雷导演曾经还为这个行业被外界误解而感到屈辱。以前朋友约他吃饭，总是在电话里说："雷子，能不能找几个女演员晚上坐一坐？"他听到朋友们这么说，很愤怒："你再说，我拿大瓶子削你！"

冷静下来，他意识到人们对于影视行业存在着很大的误解，他决定要拍出一部硬气的作品，为这个行业正名。

"你说一万句也没用，不如做一个东西给他看。"

这部作品，清一色的男演员，他笑着说："再也没人让我带着女演员参加饭局了。"

在戏中，我有很多负重越野的戏，背的都是真枪，穿着大靴子拉练，在日头下暴晒。云贵高原上的阳光一点也不含糊，常常一场戏拍完，裸露在外的皮肤都能撕下一层皮来，我们的肤色都在向非洲人靠近。

许三多在钢七连，有一场一连做 333 个腹部绕杠的戏，为此我特意学了腹部绕杠。这场戏拍完，我手心全是茧子，连大拇指都少了一块肉。晕乎乎中，我忍住手上的疼，扶着墙吐了很久。所以后来拍摄许三多从单杠上下来，被人搀扶着屡次想吐的场景时，我很快就找到了感觉，因为压根儿不用表演，我是真有体会。

给我留下印象最深的是许三多抡锤那场戏。许三多加入钢七连三班后，一直萎靡不振，受到全班人的排挤。更重要的是，许三多自己也自暴自弃，维修战车的时候，抡锤误伤了班长史今。不愿放弃许三多的史今稍微包扎了以后，不顾副班长伍六一的反对又回到了原地。

那个晚上，班长史今充满期待地看着许三多，想让他重新抡锤。他深知，许三多抡起的是自信的未来，砸掉的是自卑的过去。

许三多不敢，他面对着旁边一直咄咄逼人的副班长伍六一，像是缩头乌龟一般。面对着史今的鼓励，却直向后退缩。

史今注视着许三多，说："许三多，到了这儿你没有退路了，当初征兵的时候我没想你，是你自己死乞白赖要来的，你来了就一条路：抡锤！"

"班长，我不敢！"

史今几乎是咆哮着："你想拖死我啊许三多！为了你我已经跟全连人都掰了！跟我最好的朋友、我带出来的兵伍六一也掰了！许三多，咱们三班现在总分排全连倒数第一，你再这么干下去，明年我也得走人了。就因为一个龟儿子！我招了一个我看走了眼的龟儿子！我看透你了，你还是那仨字：龟儿子！别再让你爸叫你龟儿子！"

我看着面前的史今，眼珠子快要暴出来，全身的热血往上涌，已经分不清楚是许三多还是王宝强。往事像电影胶片一样在脑海中快速闪过：一个毫无背景的少年，从邢台的一个小乡村出发，到少室山上的寒夜、骄阳中摸爬滚打，在北京的地下室里等待天明，在漆黑的矿井里看着暗黑涌动，命运像塑料袋般在风中飘扬的岁月，命运像皮球一样被人踢来踢去的岁月。这个少年挥别父母，以混不出人样就不再回去的倔强，四处漂流、闯荡。自卑和迟疑长久困扰着他，让他不敢直面汹涌的人潮，他不抛弃、不放弃内心的电影梦，不停地向上攀爬，他只想抡起命运的大锤，牢牢攥在自己手中，向别人和自己证明一件事：我是演员王宝强！

在那个夜晚，我听到了生命拔节抽穗的声音。当我奋力把铁锤砸下去的瞬间，我听到了那自卑的外衣从我身上褪去的声音。

只要你不承认自己是弱者，没人能界定你是弱者。不想再让别人叫你龟儿子，首先你要变得更强！**许三多的精神，不是奴性和忍耐，而是靠着一步一步地行走，来寻找自由和尊严。而自由和尊严，总是在奋斗的尽头结伴而来。**

《士兵突击》里，团长对许三多说："想要和得到之间，还有两个字：做到。"的确，在"想要"这个驱动力下，还要有一个必须要走的步骤：做到，之后才能得到。《士兵突击》也是我个人的突击，这是我第一次担纲这么重要的角色，我的镜头贯穿始终，全剧我一共有600多场戏。我的台词很多时候是大段大段的，头一天晚上睡觉之前，我会把第二天所有台词都背得滚瓜烂熟。这部戏基本上是按照剧情发展顺序来拍摄的，从乡下少年到军中兵王，我陪着许三多一步一步蜕变，以至于在演的时候，我都分不清自己究竟是许三多，还是王宝强。

最后，如你所见，许三多成功突击。

我们每个人都是树先生

当初，韩杰导演跟我聊到"树先生"这个人物的时候，我顿时就被吸引了。当时有很多人找我来演各种角色，但只有树先生和我以前演的角色，从年龄到形象、心理上都有着颠覆性的变化。在听到树先生这个角色的时候，我知道，这是一部可遇而不可求的作品。

树先生是有原型的，是韩杰老家一个有妄想症迹象的人。他总是喜欢胡言乱语，幻想自己上面有人，幻想自己神通广大，说得久了，别人不信，他自己却信了。当他听说韩杰在北京当上了导演之后，逢人便说："韩杰混得不错，因为在北京我找人罩着他呢。"

树先生这个角色要求的就是真实，所以需要表演状态大于表演技巧，只要状态对了，怎么演都对。为了寻找这个状态，在拍摄《Hello！树先生》之前，我跟着韩杰导演回了一趟他的故乡——山西孝义，亲自去见了这个人。我和他不仅有过对话，还和他在一起住了好几天，只为了能准确地捕捉他的状态。

和他接触之后，我觉得，世界上没有疯子，在他们的逻辑里，他们的一切都是合理的，甚至他会觉得，正常人的世界才是不合理的。所以，对于树先生这个角色，就不能把他当作一个疯子来演，而应把

树先生讲的就是一个弱者寻找尊严的故事，
越是在乎尊严，在寻找的路上就越受挫。
但是他没有放弃，仍然在乡村和城市之间寻找着机会。

他当作一个有血有肉的人，试着去理解他的世界、他的逻辑，才能演出比较真实的感觉。

我从不抽烟，但是为了贴合树先生的形象，我学会了抽烟。不会抽烟的人抽起烟来像是冒烟囱，香烟嘴里进嘴里出，怎么抽都假。为了让表演逼真，我就学着真抽烟，吸一口进去，让烟从鼻孔里分出两岔，悠然而出。结果这部电影杀青之后，我有了烟瘾，再也戒不掉了。不怎么喝酒的我，在拍喝酒戏份的时候，为了找到喝醉的状态，喝的就是真酒。我在拍摄现场真的醉了几次，有几次拍摄结束之后，都是被工作人员抬回去的。

一个自卑的人，靠近别人的时候，眼神肯定是游离的。身体左右摇摆，不敢盯着别人看，像条鱼一样摇头摆尾地靠近。树先生和别人打招呼的时候，我就用这样的动作来展现。我甚至还给树先生设计了没事总爱伸展一下胳膊的动作，来表现他心理拧巴的状态。我给韩杰导演示范的时候，他扭过头去对大伙儿说："这哥们儿已经是一个艺术家了。"

树先生结婚的前夜，因他的兄弟借不来皇冠车，他对兄弟大打出手。拍这场戏的时候，东北已经是零下 30 摄氏度。本来为了犒劳工作人员，剧组请了师傅来烤羊肉串，结果因为那天太冷，烤串师傅给多少钱都不来了。我穿得很单薄，还需要在酒醉的状态下，在地上和人打斗、翻滚，最后冻得四肢毫无知觉。

在片场，我总是穿着树先生的衣服走来走去，连韩杰导演也分不清楚，我究竟是王宝强，还是树先生本人。电影拍摄结束后，我陷在树先生的状态里，很久都不愿意走出来。不知道怎么，我觉得他很快乐，有着自己的世界，而我们这些生活在世俗中的人，自己的小小天地每天都被名利残暴碾压，活得很拧巴，太累。

树先生讲的就是一个弱者寻找尊严的故事，越是在乎尊严，在寻找的路上就越受挫。但是他没有放弃，仍然在乡村和城市之间寻找着机会。我们每个人都是树先生。

后来电影如期上映，口碑爆棚。人们说，以前总觉得王宝强没有表演，看傻根，觉得王宝强就是傻根；看许三多，觉得王宝强就是许三多；而看到树先生，才顿时醒悟：原来王宝强一直是演技上的实力派。

这部电影也在韩杰的老家山西孝义上映了，据说有人在电影院门口遇到了树先生的原型。当有人问他在那里干什么的时候，他回答："我在等王宝强和韩杰，他们马上出来，我们去吃饭。"然后，看了看墙上贴着的电影海报，还是那一句话："他们现在混得不错，因为在北京都是我找人罩着他们的。"

世上没有白流的汗

《泰囧》是徐峥转型做导演的第一部戏，他说过："我要做一个让演员最舒服的导演。"长期的演员生涯，让他最讨厌导演在现场现改剧本，因此前期他对剧本打磨了很长时间，一切准备就绪才开机。所以当我拿到《泰囧》剧本的时候，上面已经标注好我的台词、情绪、站位等细节了。

我和徐峥搭档过，和黄渤也很熟悉了，我们三个搭档有种如鱼得水的感觉。你来我往的过招中，自然会激发每个人的表演欲望。所以，宽松又熟悉的创作环境，给了我发挥演技的温和土壤。

我演的宝宝是一个真诚、幽默又有点大智若愚的角色。以前的角色都是在质朴中让观众思考并引发共鸣，而这次的角色同样质朴，却让观众发笑——显然，后者更有难度。

徐峥要求宝宝这个角色一定要有个绝活，来自香港的著名动作指导为我设计了五个不同的标志性动作，包括脚踢、掌推、太极等等，这时候我才知道：我所流的汗，不是白流的，在少林寺学的功夫就派上了用场。我选择了高空弹跳下劈腿这么一个动作，因为有基础，几下就完成了，这个动作也很出彩。比如还有一个脚夹烟灰缸的动作，

徐峥说过："我要做一个让演员最舒服的导演。"

《泰囧》宽松又熟悉的创作环境里，给了我发挥演技的温和土壤。

也是因为有功夫基础，所以我抬脚夹起烟灰缸就很容易。

我和徐峥开着汽车飞入河里的那场戏，是全片最难拍摄的一场戏，这场戏追求的风格是狼狈不堪，但风景如画。风景是如画，狼狈不堪也是真的，我们在拍摄这场戏的时候遇到了泰国的雨季，天天下雨，洪水上涨。在拍摄我掉到河里的镜头时，只觉得河水特别混浊，河底全是石头，水流湍急，身体不受控制，感觉下一秒钟就要被洪水冲走。最痛苦的是水里全是大象的粪便，我一张嘴就喝到一口水，外加一嘴"凉拌大象粪"，真是"粪"外好喝。

为了演好片尾我和泰拳高手的对决，我还参加了好几周的泰拳集训，先是学拳，直拳、勾拳、摆拳；然后学腿法，踢技、蹬技；再学膝法、肘法，身上又添了很多新伤。拳师个个凶神恶煞，身形彪悍，拍摄的时候也是真打，一不留神会被高手击中。我仗着在少林寺学过功夫，东躲西闪、游刃有余。就是在对打的时候，我戴的假发总是掉，引得现场的工作人员大笑。

遇到这么好的创作团队和环境，我献上了炸裂式的神演技，一不小心也闯入了喜剧的表演殿堂。

热爱的力量

《道士下山》剧组是我待的时间最长的剧组，从 2014 年农历大年初五穿着棉袄参加开机仪式，一直拍到了穿着裤衩背心、热浪滚滚的 9 月，历时七个多月。

这部电影讲了一个初出茅庐的道士何安下下山后一脚踏入红尘所遇到的千奇百怪的故事，像是《士兵突击》的延续，《士兵突击》是上山、成长，《道士下山》是出世、运用。

陈凯歌导演的履历不用多做介绍。在片场的时候，他总有一种电影学院教授的感觉，睿智沉稳，泰山崩于前而色不改，无论遇到什么情况，他都能稳坐于原地，稍作思考，就能思考出对策。他在讲戏的时候，喜欢亲自给演员示范，说话不紧不慢，每一个字分配的时间一样多。

在拍摄时，我没有达到导演要求的时候，就会听见对讲机里传来不紧不慢的声音："宝强，再来一遍。"一旦达到要求，就听见稳如磐石的男低音："好！就是它！"

凯歌导演剧组的氛围特别好，你不必担心有任何外界因素影响到你，只管全身心投入角色。对于演员来说，拍凯歌导演的电影，是一

凯歌导演有一句话特别好：最精彩的电影表演，一定来自对人性的深刻理解。
这对我很受用，如果一个演员不吃透这个角色，不能参透这个角色的内心世界，
是无法演绎出他的悲苦喜乐的，演绎出来的人物像纸片一样，是立不住的。

件幸福的事情。我相信，这种感受剧组每一个人员都会有，包括灯光老师、道具老师，就是各司其职，将自己的长处发挥到极致。

凯歌导演对细节的把控达到了巨细无遗的地步，比如枕头的颜色，柜子的摆设位置，群演的发型等，他都具体指导。整部电影用了500多套服装，群演的服装每次穿之前都要由专门人员来熨，几百双群演的鞋子也要由专门人员擦上一遍。

他对演员的表演，对细节的追求到了极致。比如在一场范伟和林志玲的戏中，对范伟说的一句"我兄弟也去看戏了"的台词，是该用问句还是陈述句说出，他都试拍了几遍才做决定。

跟演员说戏的时候，他会把角色以及场景的背景描述得很细致，甚至亲自示范，动作和表情也会给你模仿到位，让你越听越有味道，很快就会融入角色。他给演员宽松的表演空间，演员往往也会有超演技的发挥。比如有一场我和范伟争执的戏，本来剧本里没有写这个动作，但我突然站上了椅子，和范伟争执。看回放的时候，凯歌导演对我自由发挥的这个动作给予了赞扬，说这就是表演的力量，就是对角色有了理解之后的神来之笔，他对演员自由发挥很是鼓励。

凯歌导演有一句话说得特别好：最精彩的电影表演，一定来自对人性的深刻理解。这对我很受用，如果一个演员不吃透这个角色，不能参透这个角色的内心世界，是无法演绎出他的悲苦喜乐的，演绎出来的人物像纸片一样，是立不住的。

大伙儿都收工休息的时候，凯歌导演还要忙着写第二天分镜头的剧本。凌晨一两点，微信群里还会传来他写的第二天拍摄镜头的指导稿件。他就像是超人，不知疲倦，一心钻在电影里面。这应该就是热爱的力量、梦想的力量吧！这部电影有很多武打镜头，几乎用上了我所有的武术底子。对我而言，和凯歌导演朝夕相处七个多月，我像是进入了一个一对一的高级导演进修班，凯歌导演身上有太多值得我学习的导演技能。

《道士下山》杀青后，我也下山了。

兄弟的一封情书

我和陈思诚见面比较早,那是在 2000 年拍摄《法官妈妈》的时候,当时他是那部电影的男一号,我只是其中一个群演。那时候我就知道了有个演员叫陈思诚,他自然不认识我,因为当时群演太多了。

2004 年,我在一部叫作《红旗渠的儿女们》的电视剧里客串一个小角色。剧组驻地是在太行山里的一个招待所里,住宿条件很差,我跟另外两个人睡在一个房间。我当时背着包刚赶到驻地,正在房间开着门收拾东西,走廊上有一个人路过,看到我之后,那个人在走廊上大喊一声:"王宝强!"

我回过头,见走廊上站着一个浓眉大眼的男孩,我正纳闷他怎么认识我的时候,突然也想起了他是谁:"陈思诚!"

我们几乎异口同声地问对方:"你怎么知道我的名字?"

陈思诚说:"我特别喜欢你演的《盲井》,你演得特别好。"

我说:"你不正是那个演《法官妈妈》的演员吗?我在里面客串过。"碍于面子,我把"群演"美其名曰"客串"。

故人重逢,分外"眼红",当晚陈思诚在简陋的太行山里请我吃了一碗西红柿鸡蛋面。这是我们的第二次相遇,没多久我们就成了朋友。

两年后，我们在《士兵突击》里再次相遇，我们饰演了剧里最重要的两个角色：许三多和成才。就是因为那部戏，我们成了兄弟。

很早以前，我们闲聊的时候，他说："宝强，将来我想当导演，到那一天，你来演我的电影。"

那时候，他还没有拍电视剧《北京爱情故事》，我就相信他有当上导演的这一天。但我也有顾虑，怕第一次合作给搞砸了。直到他拍完《北京爱情故事》电影版的时候，有一天，他把他写的《唐人街探案》的剧本发给我，我连夜看完，很是兴奋，心里就一个感觉：还是思诚懂我，写得太精彩了！

思诚说："唐仁这个角色非你莫属，这是作为兄弟，给你的一封情书。"

我听了很感动，兄弟难得，"相爱"不易。于是，我推掉了所有戏约，准备专心赴兄弟的这场电影之约。

怎料就在即将飞赴泰国的前一天，我在河南录制一档真人秀节目时出了意外，腿骨折了。这对思诚来说，无疑是晴天霹雳，因为当时美术部门已经开始搭景，场租也已经支付，一些工作人员的头款已经打了，甚至有一批工作人员已经在机场准备登机去泰国。万事俱备的时候，突然接到了我骨折的消息。

我对思诚充满歉意，医生说我这条腿可能半年后才能下床，我就想剧组大队人马肯定不能等我半年。没有别的办法，我只有忍痛割爱，我想了很多理由说服思诚换一个演员。

第二天，思诚飞到河南，赶到医院看望即将做手术的我。一开

因为《士兵突击》那部戏，我和思诚成了好兄弟。

有天他说："宝强，将来我想当导演，到那一天你来演我的电影。"

后来他写了《唐人街探案》的剧本，

对我说："唐仁这个角色非你莫属，这是作为兄弟，给你的一封情书。"

我听了很感动，于是推掉所有戏约专心赴兄弟的这场电影之约。

门，他就挥舞拳头大喊一声："宝强，不抛弃，不放弃！"

我想了很多说服他的理由，听了这句话，忽然噎在喉咙里，什么也说不出了。

这么多年过去了，钢七连并没有解散，《士兵突击》传递的"不抛弃、不放弃"的精神，依旧在我们身上延续着。

结果，思诚为了等我，拖延了《唐人街探案》的拍摄，我的腿什么时候恢复就什么时候开拍。

躺在病床上闲下来的时候，我会想起这一路的飘零，总觉得我是那么幸运。我非常感恩在从影路上、在追梦路上，收获名利的同时，还能收获暖心的友情。

在医院配合医生治疗的同时，心急如焚的我也加强了恢复锻炼。奇迹出现了，本来治疗期预计半年，结果40天后我就可以下床行走，于是打定主意第一时间飞赴泰国参加拍摄。我的腿里还打着钢板，所以如果仔细看，还是能够看出《唐人街探案》里的我走路的时候一瘸一拐的。

拍摄《唐人街探案》期间，我从思诚身上也学到了很多。兄弟联手，创作的过程是快乐的。思诚说，导演创作的过程是奇妙的，看着脑海中一个个形象变成文字，最后再变成立体状，在大银幕上呈现出来，是一个特别美好的过程。听他说这些的时候，我都会隐隐想起我自己内心深处最想讲的故事，在想象它呈现的那一天。做演员，我可能是成功的，但演员注定是被动的，要想真正说出内心的想法，只有做导演。

○
○ ○

那段日子，无论在片场还是在休息时，我感觉那个梦想已经飞到了嗓子眼儿。这么多年，厚积了这么多，我觉得到薄发的时候了。

拍摄完《唐人街探案》，我推掉了所有的戏约，用 2016 年一整年，拍摄我的导演处女作《大闹天竺》。

3

少有人走的路

让时间发挥最大价值

这世间，有些人含着金汤匙出生，有些人却一无所有。**人与人之间，拥有的多少，没有绝对的公平，但是最公平的却是每个人在同一时刻，拥有的时间是一样多的。**如何对待时间，如何合理利用时间，是人与人拥有不同人生的主要原因。

让时间发挥最大价值，每一天都要给自己一个毕业证书—这是较真的我对时间的态度，这种精神也是我所主演的《士兵突击》这部电视剧弘扬的精神。在筹备《大闹天竺》期间，我们就是以这种态度来锻炼团队的。

在《士兵突击》中，许三多一开始被分配到最差的草原五班，任务就是看守驻训场。五班里只有五个人，每个人都在用自己的方式混日子：李梦每天梦想着成为托尔斯泰，小说写了撕，撕了写，折腾了几年才写了一篇五百字的序；老魏擅长给人起外号；薛林每天织毛衣；班长老马喜欢研究桥牌。而新兵许三多没有被这种环境同化，他按照士兵该有的样子，早早起床，独自到草原上踢正步。回来后整理内务，不仅把自己的被子叠得整整齐齐，而且还顺手帮战友的被子也叠好。闲暇时，他还在营房门前种上了花花草草，甚至捡石头，想修一条路。总之，他就是不闲着，不打牌，因为那些没意义。他的行为让五班的其他人简直发了狂，除了班长老马保持沉默，偶尔话里有话地叮嘱许三多要搞好团结，其他人都在许三多背后搞破坏，放"冷箭"。

当一个人有事做的时候，在那些游手好闲的人看来，就是不合群。但是后来，许三多用他近乎固执的坚持，潜移默化地影响了战友，战友们竟然也与他一起修路了。这件事让班长老马感触颇深，在退伍前，他对五班的战友们说出了那句意味深长的话："别混日子了，小心日子把你们给混了。"

离开那片草原，离开那片绿色的军营，一晃眼十年过去了。十年间，许三多从未离我远去，与其说是我成就了他，不如说是他成就了我。《士兵突击》结束了，但是我的人生突击还在继续。如今，我带着大队人马来到印度，用新的方式来诠释"突击"精神和西游精神。其实西游精神与"突击"精神有着异曲同工之处，那就是坚持向前，百折不挠。

在开完西征饯行会之后，剧组大部队在印度孟买和斋普尔两座城市进行最后的紧张筹备。

去年脚受伤了以后，我算是"堕落"了一年，一直没有怎么练功。我在《大闹天竺》里有很多的动作戏，所以腿伤恢复了一些以后，我就开始锻炼。再次锻炼，有一种从头开始的吃力感，才明白那些看似安逸的日子，实则是日子对你的腐蚀。正如许三多那样，在荒野上踢正步，看似不合群，但那才是真正的士兵应该拥有的生活。我们这些少数晨练的人也像是许三多，靠少数人带动了整个团队。

筹备期间工作强度很大，白天勘景、对接，晚上还要开个碰头会，每天都要忙到晚上十点。第二天早上六点半，我们准时在宾馆前面的绿地上集合，集体杂耍。

"千年的古寺，神秘的地方，嵩山幽谷，人人都向往。武术的故乡，迷人的地方，天下驰名，万古流芳……"十余年前，我就是听着这首歌，踏上了去少林的征程。多年过去了，我还是愿意听着这首歌起床，给我带来一天最开始的动力。歌声打破了印度黎明的寂静，在这歌声中，我们开始了一天中的第一项训练：压腿。晨练的带队老师是《大闹天竺》的武术指导郭勇，他会帮我把腿举起，当两条腿呈180度的瞬间，我便会发出撕心裂肺的喊声，这时大家便会幸灾乐祸地大笑。

压腿只是预热，通常之后是俯卧撑，我和武术指导郭勇在这个项目中永远能坚持到最后。而助理王永飞本来也是比赛的一分子，但是往往都不知道从什么时候，他已经从地上爬起来，常常会悄无声息地逃脱掉比赛，成为计算时间的裁判——其实我们是不需要裁判的。

俯卧撑之后，由我带领大家跑步，这才是晨练的主体部分。到北京拍戏以后，我已经多年没有迎着朝阳奔跑了，但是一旦跑起来，那熟悉的感觉就又回来了。

刚到少林寺的前三年，每年冬天凌晨五点、夏天凌晨四点，我们都要从少室山跑到登封市区，路程相当于一个半程马拉松。有时候则是从少林寺出发，沿着与地面成45度角的山坡跑到山上的达摩洞，再从达摩洞折回少林寺。每次跑下来，背上总是白花花一片，那是衣服被汗浸湿，又被烘干之后残留的盐分。**少林寺六年的生活，让我明白了：功夫和成功一样，并非从天而降，都必须脚踏实地，一步一步向前走。**

如今迎着印度的朝阳，踏着挂满露水的草地，我们这几圈简单的晨跑，和彼时少室山上的残酷训练相比，简直就像是小孩子过家家。剧组中最有艺术气质的是摄影指导陈志英老师，长发披肩，颇为潇洒。他虽然身材魁梧，长得彪悍，但却是最有孩子气的人。他已经30多年没有晨练了，也被我们带动了起来。30多年没上路的发动机果然容易掉队，他总是在跑了一圈之后，就坐在地上再也跑不动了。看他坐在地上大喘气，我会边跑边叫他："跑啊，英哥。这才一圈就把您给累趴下了。"

陈志英老师一边喘气，一边用蹩脚的普通话说："你不懂，我在给你们看守衣服呢。"

大家哈哈大笑，接着跑自己的。不料刚跑了一圈，坐在地上的陈志英老师就开始指着跑步队伍中的一个人举报了："导演，他偷懒，跑小圈！"

虽然在晨练中大家常常互相"拆台"，但是每天早上短暂的晨练时光，真真切切地拉近了剧组每个人之间的距离。我始终相信，运动能够让人放松，提高团队的凝聚力。

跑步之后，晨练的背景音乐风格突变，换成了《敢问路在何方》，十万八千路迢迢，跋山涉水向天涯，在这样的歌声中，我们正式开始街头卖艺式杂耍训练了：蹲马步、翻跟头……我们排成队，依次来做，只是前面缺少了一个有豁口的茶缸。

我和武术指导郭勇属于带队老师，一般是我们两个在前面领先做动作，边做动作边前进。但是大多数同事是没有武术功底的。比如制片部门的几个同事，练基础动作扫堂腿的时候，只是在地上一蹲，腿几乎没有动就站了起来，这不是扫堂腿，而是碰地腿。所幸过了几天，武行的同事陆续从国内抵达，专业人士进来，一下提升了我们的水平，我们操练起来像是一个专业武术队。电影的筹备期接近尾声，我们的晨练队伍越来越壮大，以至于后来在晨练的时候，还会有很多的外国人来围观，以为我们是来斋普尔参加比赛的外国体育代表队。

其实最初参加晨练的只有我们几个主创人员，每天我们会在剧组微信群里分享一些晨练时候的照片，其他同事受到鼓舞，也就纷纷加入到晨练队伍中。

后来，有印度方面的同事也加入了进来，他们的出现使得那几个武术功底一穷二白的制片同事长出了一口气。印度同事以大无畏的精神，成功地把笑点转移到了自己身上。练武术基本动作的时候，一个印度女制片光着脚丫子，在草地上模仿我们的武术动作，脚还没有踢出去，嘴里的象声词已经配上了："嘿！吼！嘿！吼！"

我想她受李小龙的影响不小，如果光听到撕心裂肺的声音，还以为她被打了。她的表情也很到位，双眼圆瞪，嘴巴张得仿佛能飞进一只鸽子。因为他们表现得过于抢眼，大家实在是绷不住，就在草地上打滚儿笑成一团。

拍摄花絮的小潘，是一个文质彬彬的小伙子，性格很是内敛，原来只是抱着摄像机在一旁，静静记录我们晨练的过程，后来在旁边实在是憋不住，索性就把摄影机放在地上，开启全景拍摄模式，他也开始伸胳膊撂腿，加入晨练队伍了。林永健老师从国内过来后，也每天陪着我们晨练，他说在绿地上跑几圈以后，感觉一天的精神都很饱满。

每天晨练结束后，我们都会合影一张，然后署上"2016 年 × 月 × 日毕业留念"。晨练结束的合影，就是我们每天的毕业证书，也是我们一天不混日子的见证。

让每一个人都感到战斗人员的价值

从《盲井》开始，我进过很多剧组。每一次进剧组之前都充满了好奇，好像去的是一个全新的世界，去见一些以前只闻其名不见其人的高人，想象着接下来我们要一起演绎的故事。人的印象往往取决于第一面，所以剧组的第一次见面会是最重要的一次会议。

当集结号吹响，《大闹天竺》剧组人员很快就在斋普尔聚齐了。大家相逢并不识，第一次见面会的召开极其重要。以前都是导演来介绍我，今天有所不同，这里是我的主场，需要我这个当家人来介绍别人。4月1日晚上，我们中方全体剧组人员齐聚斋普尔酒店的会议室，召开了一次动员大会。

其实经过长达数月的筹备，每个人都在摩拳擦掌，等待这一天。一次又一次地勘景，一次又一次地讨论，我们跋涉万里，克服万难，如今终于到了这一天。拉满弓的箭终于要发射了，这本身就是一种鼓励。

所有人员都站在狭小的会议室里，我的发言言简意赅："感谢大家的出现，大家来到这里，我们这部电影就已经成功了一半。今天不说别的，只为了这部电影上映的时候，你们坐在影院里，看到银幕上出现自己名字的时候，每个人都感到骄傲，都会说一声：这是我们的作品！因为在异国他乡，我们要和印度方面合拍，在与印度工作人员沟通的时候，可能会有许多障碍和理念上的不同。我们一定要从大局出发，要和印度工作人员协作好，也要和各部门团结好，遇到事情积极解决。只有我们抱成团，这部电影才会有巨大的力量。"

紧接着，各部门的工作人员逐一登场，进行自我介绍。哪怕再普通的工作人员，我也会请他上台来介绍自己。在做群众演员的时候，我是没机会参加这样的见面会的，顶多是在开机仪式上凑个人数。导演即使身长八尺，也看不到后面的我。

正因为曾经的经历，让我深知普通工作人员被忽视的滋味。电视剧《士兵突击》里，当连长高城想把钢七连最孬的兵许三多发配去喂猪的时候，许三多的班长史今强烈反对，情愿自己去喂猪也不让许三多去。史今说，如果让他去喂猪，他就不能参加连队正常训练，成为被忽视的一部分，就体会不到作为战斗人员的价值。我之所以坚持让每一个普通工作人员都上台做自我介绍，目的就是不想让他们有被忽视的感觉，我希望他们能体会到作为剧组人员的战斗价值，从而有一种使命感。

紧接着，《大闹天竺》的工作证被分别发到大家手中，大家都是"持证上岗"的人了。

十余年来，我进过大大小小的剧组，有的让我难分难舍，杀青时痛哭流涕；有的让我时刻盼望早些结束，杀青的那天在心里喜极而泣。有的导演脾气火暴；有的导演儒雅亲和。有的剧组同事之间相互拧成一股绳，合力去创造一部作品；有的剧组同事之间相互拆台，在拧巴中完成一部作品。但我始终认为，一个好的剧组一定是像家一样能让人放松的，那样才能在快乐中放开手脚去创作，而不是每天在负重战栗，如坐针毡。

中国有句老话："火车跑得快，全靠车头带。"一个剧组的高效运转与各部门分工协调得当密不可分，但最重要的是导演这个车头要带好头。他以怎样的态度来带领各部门工作，以怎样的方式去创作，直接决定着整个剧组的风格。

以前进入一个剧组的时候，只是想着看剧本，揣摩我要扮演的角色的特点，思考怎样与导演对接和磨合。如今，面对这近百人，我该思考的是怎样和他们融为一体。总之，怎样让这里的每一个人都发挥作为战斗人员的价值，则是我接下来必须面对的课题。

虽然已经在印度了，但是行百里者半九十，最后几步是最难走的，取经之路不是一个人的跋涉，我必须和团队一起，才能克服困难。当你踏上了这条西去之路，只有扬鞭奋蹄，一往无前，才能抱得真经还。

神猴哈奴曼日，我们祈福开机

━━━━━━━

　　有句话说：当你的爱好是你的工作的时候，那就等于你一天也没有在工作。在漫漫的人生道路上，每天做着自己爱好的事情，而且依靠爱好的事情还能够满足温饱，还有什么比这个更为幸福的呢？

　　电影不仅是我的爱好，也是我的事业。如今，我又亲手打造属于我的作品——《大闹天竺》。

　　4月8日，是印度传说中的神猴哈奴曼日，《大闹天竺》的剧情与猴子和神都有关系，所以我们特意选在这一天，举办一个具有印度特色的开机仪式。

　　在举行开机仪式的前一天晚上，我竟然梦到了哈奴曼，虽然它的样子不太清晰，但是我能感觉到它好像在召唤我，说着我听不太懂的话。

　　随着太阳的升高，温度已经升到40摄氏度。早饭后，剧组人员就已经聚集在广场上。横幅上"《大闹天竺》开机大吉"八个大字很是显眼。横幅的下面，香案上摆着各式各样的水果和印度特色食品，当中还摆放了两个印度小神像。

　　开机仪式的第一项，是让印度的大师为电影祈福。编剧、导演及主要演员都身穿印有"大闹天竺"字样的T恤，一字排开站在前面，看着大师站在香案前，口中念念有词地把红色线圈及小型的花环挂在神像上。

接下来，大师口中唱念着经文，在我和编剧束焕的额头上都点了一抹红，还在我们的胳膊上系了根红色绳子。我双手合十，感受着神奇的赐福，站在香案前默默许下对电影的祝福。烈日之下，我拿起话筒，对剧组人员献上了谢意和祝福。

这是一个好的开始，我坚信也会有一个好的结束，我相信我们历经艰辛定会取得真经。我希望每一位工作人员，首先是健健康康地生活，其次是开开心心地工作，不虚度每一天的光阴，希望我们能创作一部可以流传下去的好作品。工作本来就是一件幸福的事情，我希望大家都能找到一个属于我们的方式，开开心心地创作。

是的，我常常感恩我的幸运，因为我现在所从事的职业就是我的爱好。所以在我看来，工作并非压在头上的五指山，而是你愿意为了它而付出，并且能在这份爱好里，收获一种价值感。我相信我以及我的团队都会在电影的创作里，收获一伤创作的快乐。

印度大师又给主创人员的额头点上一抹红，我依次给每一位主创人员挂上了花环。最后，我们依次焚香祈福，祈祷《大闹天竺》闹得开心，圆满东归。

开机仪式结束了，也预示着我们的西征军队正式开拔，纵然前面是火焰山，也要赴汤蹈火一往无前了。在那一刻，我默默地想，就算前面有八十一难，我也要带领这个团队力克险阻，因为我不仅仅是演员王宝强，还是导演王宝强。

纵然前面是火焰山，此刻的我们也要赴汤蹈火一往无前了。

导演王宝强的第一天

我很喜欢这样一句话：当你决定要出发的时候，旅行中最困难的部分其实就已经完成了。其实做导演也是这样，当一个导演坐在监视器前面的时候，最困难的部分也已经过去了。

2016年4月3日，《大闹天竺》在印度斋普尔正式开拍，而我却没能在演员表演的时候，第一时间坐到监视器面前。

第一次做导演，我本着好汤得小火慢炖的想法，采取了循序渐进的策略。一开始先拍一些文戏和小场面，然后逐渐过渡到大场面。第一场戏选定了白客、岳云鹏和我在房间内的对白戏，我们把场地选在了斋普尔当地的蓝宝酒店王子套间。蓝宝酒店是斋普尔高档酒店，王子套间的租金不菲，其实就拍摄场地来说，我这个导演的起点不低。

我不止一次地梦想着这一天，我神气地坐在监视器前，看着演员们表演，发号施令，各部门配合完成我的想法。这一时刻真的到来的时候，我却没有想象中那样激动。就像你一直想吃一块牛排，而当这块牛排真正摆到你面前的时候，你首先想到的是怎样动刀叉，怎样把它送到嘴里，至于牛排的味道怎样，那是以后的事了。

拍摄前一夜是个不眠之夜，早上五点起床，五点五十赶赴现场。

以前都是听导演讲戏，
只需要把角色演绎好就行了。
但如今自己做导演，
可以按照自己的意图去拍摄，
这种工作更加纯粹。

上午八点，各部门在现场布置。因为之前开过很多次的剧本会议、主创会议，我对每一个场景及镜头的运用都胸有成竹。上午九点，我坐在化妆间，再次把剧本的内容过了一遍。九点到十点之间，我拿着剧本和演员白客对词。这时候，我恍惚中还有种做演员的感觉，唯一不同的是，在对台词的同时，还有很多的工作人员向我汇报现场的情况，听候我的指令。十点，即将进入实拍阶段。

在我的想象中，导演就是在监视器后面，威风凛凛，具有"生杀"大权的那个人，那帅气的英姿，能秒杀现场所有人。在这个阳光灿烂的日子，又是在西天佛国，我的导演生涯开始了。我本来准备好了一公斤的帅，来迎接这一神圣时刻的到来，可是现实与想象之间的差距太大。因为第一个镜头就有我的演出，而且还需要我倒立在卫生间门口的墙边。所以我的导演生涯是从倒立在卫生间门口开始的。

第一个镜头拍完以后，我从倒立的墙上下来，快步冲到监视器旁看回放，达不到预测效果，再折回来倒立在墙上重拍。我想这么囧的导演，可谓世上少有。反复试拍了几次，我穿着戏服马不停蹄地穿梭在卫生间和监视器之间。这之间还出现了一个小事故，我的脚从墙上下来的时候，不小心把墙上悬挂的镜子给弄掉了，直接砸到了我的头上。这一砸我反倒是清醒了，只是糟蹋了这个奢华的王子套间。

下午拍摄岳云鹏的戏份，小岳岳相声说得一流，但是在影视方面还算是一个新人。他刚到一个新的团队，稍微有点紧绷，平常"贱贱的气质"还未完全发挥出来。小岳岳演出是很认真的，经过三四遍的试拍，我们都开始放松下来，渐入佳境。

从赤手空拳来到这个曾经遥不可及的行业，
到一步步走到监视器前。
漫漫来时路，我不想诉说着过往的艰辛，
沉溺在当年勇里，因为未来比过去更有意义。

因为挤在套间内拍摄，涌入了很多的工作人员，加上印度特有的热天，让整个空间里的空气很是沉闷。室内就这样热，我对即将拍摄的室外戏捏了一把汗。

蓝宝酒店的王子套间装修得很奢华，每天的租金高达 10 万元。印度人特别有契约精神，说好一天就是一天，一个小时也不能超过，我们只能争分夺秒完成通告中的所有戏份。黄昏的时候，各部门收工，我充满欣慰。

十四年的影视生涯中都是听导演讲戏，按照导演的意图去表演，只需要把角色演绎好就行了，但如今是做导演，可以按照自己的意图去展开现场工作，这种工作更加纯粹，我觉得挺过瘾的。因为我本身就是演员，在讲戏的时候，喜欢亲自给演员示范，这也让演员更加知道我想要的效果，从而推进了拍摄进度。

第一天就拍了两场大戏和很多镜头，因为前期筹备得当，各部门已经充分磨合，彼此之间都明白想要什么，所以第一天的拍摄很顺利。

对我来说，拍摄已经开始，那么导演过程中最困难的部分已经过去了。

要想真的火，得吃真的辣

我曾经做过一个方便面广告，广告中的我在吃过一口火辣辣的方便面之后，要咧着大嘴，一脸满足。没承想，我在斋普尔有一场戏，为这种火辣辣我过足了瘾，却也辣出了"伤"。

那是一场吃辣椒比赛的戏，戏中我扮演的武空因为不懂英语，被白客扮演的唐森激上台去，与多国高手比赛吃一种巨辣的辣椒。在拍摄之前，我给台上的几位高手设计了很多吃辣椒时的特色动作：一位穿着蓑衣的印度老汉，让他吃完辣椒时，被辣得瞬间四下里吐气，嘴唇发抖；一位穿着民族服饰的平民汉子，在吃辣椒之前拍拍胸脯，用舌头舔舔手指，对着周围倒竖着大拇指，以示挑衅；一位银发的摇滚少女则摇晃一下头发，对着天空呐喊一声，炫耀武力；一位来自韩国的少女则边吃边性感地把辣椒抹在胸脯上，最后再挑逗地吃进嘴里。

为了追求逼真的效果，我们采用了真的红辣椒作为道具，只是辣椒在食用之前被水泡过，把辣味去除了。这是全片的一个重头戏，我们拍摄了很多条，每拍摄一条，舞台上的演员都会实实在在地吃辣椒。可要命的是，有些辣椒没有被水泡透，吃到嘴里是实实在在地辣。

我扮演的武空在狂吃辣椒后，最终获得了胜利，然而他自己也辣得倒地不起。我们知道，人在极度的辣感中，会有一种像喝醉了一样的眩晕感。为了表现出这种眩晕状态，化妆组特意给我化了一张关公红脸，还把我的嘴化成了香肠模样，眼皮也肿胀不堪，远远看去很是狰狞。我翻着白眼，嘴里含着嚼碎的辣椒，在舞台上东倒西歪了一两分钟，才倒在了舞台上。

只有吃得进真辣椒，才能感到真的火，
只有真枪实弹地去表演，才能赢得观众的信服。

　　由于特效妆化得比较慢，所以在这场戏拍摄的几天里，我都是凌晨三点半起床化妆。因为嘴唇上粘了一层厚厚的东西，吃饭很是不便，只好在凌晨四点吃一碗面。白天喝水的时候，就用饮料管在矿泉水瓶里吸水。因为一天只能睡三四个小时，在好几次补妆中，我都不知不觉地睡着了。化妆师动作稍微大一点，我就惊醒了，连忙狠掐自己几下，恢复清醒，一边指导拍摄，一边亲自去演。

　　在印度的高温下，我含着一嘴辣椒，嘴唇上贴着密不透风的特殊材料，那感觉很是销魂。每每拍过一条，赶紧接过水漱漱口，有种想干呕的感觉。我特别希望能对自己说一声"过"，早点结束这种折磨，但是我想电影上映之后，观众看了不会满意的，所以我继续嚼碎嘴里的辣椒，再来一条。为了让观众们能在上映时的寒冷冬夜里收获一点火热，我在这骄阳下吃着辣椒被辣一下又如何？

　　只有吃得进真辣椒，才能感到真的火。这也是我对电影的敬畏之心，只有真枪实弹地去表演，才能赢得观众的信服，这样的电影才有长久的生命力。因为观众都有一双火眼金睛，有一双鉴别美的眼睛。

印度神车
——没有金刚钻，不揽瓷器活

　　超载是印度民族的特色，如果你在别的国家看见一辆车里面挤着很多人，还会感叹一下这很危险；如果在印度看到，就会觉得太强大、太逗了。因为他们总是把有限的空间处理成无限的样子，他们不是超载，而是死命地载。

　　《大闹天竺》里就设计了这么一个开挂的桥段，让10位壮汉挤在一辆摩托车上，追击电影里的两位主角。10位壮汉身披战服，手持武器，加起来至少有1700斤，我们特意找了一辆稍微大一些的摩托，后面加上几根平衡杠，为了保持平衡，在后轮的旁边还安装了两个平衡小轮。上车的时候，开摩托的壮汉先坐上，就在我担心这么小的摩托车如何坐得下10位壮汉时，一转眼的工夫，这些印度群演已经齐刷刷地坐上去了，像是一面人墙，煞是壮观。看来他们平常在生活中没少受过这样的"训练"。

　　等到试拍阶段，摩托车发动，我在监视器后面不禁替这辆摩托车捏把汗，上面压着接近1700斤的10位壮汉，担心它会不会爆胎或是发动机憋灭，孰料没有金刚钻，人家就不揽这个瓷器活。随着摩托车

对于一个以"开挂"著称的喜剧国度，
没有什么是不可能的。

发动，竟然平稳前行，发动机声音也很正常。虽然上面的汉子一直在挥舞着手臂运动，摩托车照样在走，不得不佩服。

如果说这个只属于硬件上的难度，那 10 位壮汉从摩托车上齐刷刷飞到半空中，就属于拍摄难度了。为了拍摄这个场景，我们找来了一辆吊车，把它的高度调到最高，用于在空中支撑。我们给每一位壮汉都吊上威亚，每位壮汉由五个工作人员负责拉动。随着一声"开拍"，10 条绳子一起开拉，这些壮汉就从摩托车上突然飞起来，各自挥舞着手臂，表情狰狞，一起大叫着飞上了半空。执行导演一声"放"，绳子才被工作人员轻轻放下，这 10 位壮汉才惨叫着从天而降，装作摔得很疼的样子，落在地面上。

这个场面一连拍摄了一下午，10 位壮汉裸露着肌肉，被太阳暴晒着，晒成了一片红，他们还得时不时地被吊上天空又摔在地面。旁边拉绳子的 50 位工作人员也像是人体烤肉，用尽全身力气把这 10 位壮汉拉上天空，再把他们小心翼翼地送回大地。

拍摄这个场面的时候，是在贾沙梅尔的闹市区，因此也成了贾沙梅尔市民围观的大戏。封锁线的外围，墙头上、树上，还有金色建筑的窗户里，都站满了看热闹的人。更有精明的小贩们把摊位推来，在电影拍摄现场售卖起来。每一次壮汉飞上天空，围观的人们都会张大嘴巴，惊叹着神奇。当他们落地，人群里一阵惊呼。虽然我们语言不通，但是他们赞赏的眼神却是世界通用的语言。

在印度皇家陵园翩翩起舞

相对于中国人而言，印度人更加重视墓地文化。在孔夫子说出"未知生，焉知死"之后，我们中国人更在乎今生能够得到什么。在中国本土诞生的道教说的是修今生，即死前能否成仙，而在印度诞生的佛教讲究修来生，即死后能否圆寂，超脱六道轮回。所以我们爱讲"哪里黄土不埋人"，就是不重视死后的表现。在中国古代除了皇亲国戚以外，普通人的墓地一般都是黄土一抔。印度人则不然，他们除了重视死后骨灰要进恒河以外，墓地也会修建得像是宫殿。

2016 年 4 月 26 日，《大闹天竺》剧组大队人马在金色的朝阳中走出了金黄色的贾沙梅尔城，沿着平坦却有点狭窄的柏油路，向城外西北方向开去。开了有五六里，就看到荒芜的原野上矗立着许多高大的风车。风车也好像受了悠闲的印度人传染，在清晨的风里有一下没一下地转动，据说这是印度的风力发电厂。其实这里比风更丰富的是阳光，如果在这里建更多的太阳能发电厂，估计印度的电力出口全球也不是问题。

剧组车队停在一个山坡上，在这里安营扎寨，作为吃早、午饭的休息点。我刚下车，就被对面山坡上的奇异景象吸引住了。在金色的朝阳下，对面山丘上海市蜃楼般耸立着一座巨大的建筑群。这些建筑连绵起伏、错落有致，但是非常有层次感，目测数量有近百个。

我们吃过早饭后，步行前往那座建筑群所在的山坡，我本来以为很近，怎料我们竟然走了将近 15 分钟才到。于是我用对讲机跟后面的同事讲，千万不要因为看着近而走路，一定要开车过来。

走近更是让我惊叹，置身其间，好像置身于一座宫殿。我爬上了山坡，只见近处是金黄亭台，远处是荒野上的风车，心想这真是一个取景的好地方。

监视器、摇臂、摄影机等笨重的器材被工作人员扛到了山上。当天拍摄的是武空、唐森虔诚礼佛，朱天鹏拿着手机找信号，最后在分手亭分手等情节，我们讨论后觉得在山顶临分别前加上一段印度舞蹈比较好。

上午九点，我、白客、岳云鹏、柳岩坐在石头上，在进行最后的补妆。阳光渐渐提起劲头，变得火辣起来，有些中方工作人员利用这个空暇，在金黄亭台建筑旁边寻找阴凉处避暑，有的直接坐在亭台上面，有说有笑。我看到有些印度工作人员不太自然，就在我准备一问究竟的时候，有一个印方制片主任走到我面前，对我说："导演，这是当地国王和王室成员的墓地，请不要让我们的工作人员坐在上面，会不吉利的。"

我吃了一惊，忙让剧组工作人员全部起身。剧组人员听说这是墓地，怎敢大意，屁股一弹马上下来，有的还念念有词，祈祷几句，对逝者有所冒犯希望不要介意之类的。接下来，我们还要按照计划拍摄

我们在雨中忘情舞蹈，在电影里收获一份纯粹的快乐。

跳舞的镜头，虽然在陵墓上跳舞会显得更不吉利，但是大队人马既然到此，也就顾不了那么多了。

清场，音乐起，白客抱着一个印度手鼓，我抱着一把印度当地的琴，柳岩穿着印度女子的服装，岳云鹏头上勒着一条红头巾，我们就在石头上翩翩起舞。三米外就是陡峭的山坡，稍有不慎，就可能滑下去。刚开始拍摄的几条，因为彼此不知道互动，拍得不是很好。连续拍了三四条之后，大家配合不错，还能即兴创作一些动作。

岳云鹏因为体积过大，身体摆动起来很是吃力，只好摇动硕大的脑袋，龇牙对着镜头卖萌。这让在场的几位印方小姑娘忍不住笑场，她们心想这东土大唐怎么也出产如此开挂的萌人。他跳了两次以后，明显跳不动了，额头上全是汗水，长出一口气后索性躺在石头上。我就势躺在了他的肚子上，他却忽然站起身来，呐喊一声，接着露出贱贱的笑脸，像刚拧紧发条一样，满血复活跳动起来。柳岩的舞姿比较轻盈，在石头上跳动着，真有种印度仙子的感觉。白客拍着手鼓，像是个新疆小贩。我则借着还算灵巧的身段跳动着满场跑，调动着其余三人的积极性。

想起 20 多年前，我在少林寺习武，每天都在同样也是墓地的少林塔林中练功，虽然这个皇家陵园比塔林要壮观，但是名气却与少林塔林相差太远了，在荒野中矗立着，几乎无人问津。

吃过饭后，我特意询问了一位印度导游，得知这里是贾沙梅尔摩诃罗阇的王族墓地，这个皇家园林的名字叫巴达巴格皇家墓园（BadaBagh Cenotaphs），墓地建筑全是用黄砂岩精雕细刻而成。当时的人建造陵墓的初衷是纪念死去的王族成员，一个个亭子代表着杰伊瑟尔梅尔的国王、王后、王子或公主。这里最古老的墓地建于15世纪，据说是位美丽的公主在等待心上人唤醒她。500年下来，随着逝去的土公贵族增多，竟占满了整整一座山丘。帝王的亭子通常会大一点，如果在碑亭内的石碑上，帝王和王后被雕画在了一起，那就说明：帝王死后，王后也自杀成为了丈夫的殉葬品。

我们今日的到来，算是给这个寂寞的陵墓增加了一点热闹气氛。好在还有远方荒野上的风车，在用不紧不慢的转动向这些灵魂孤寄于此的王公贵族致意。下午快要收工的时候，来到贾沙梅尔多日都没有飘过一点云彩的天空，忽然堆积了大团大团洁白的云朵，这些云朵定在了天空，似乎想酝酿一场我们期待已久的雨。

这世间，没有过不去的坎儿

石头上生出一座城堡

　　人在面对困难的时候，退和进是两种状态，有时候，进一步是海阔天空，退一步则是四面楚歌。俗话说，饼再大，也大不过锅。但只要你肯进一步，总有解决问题的办法。对一部电影来说，最难拍摄的是大场景，需要调度很多群众演员。我在《大闹天竺》里，拍摄最难的场景是在梅兰加尔古堡上。

　　这些年，我去过很多地方，也见识过世界各地各具特色的建筑，但是梅兰加尔古堡还是再一次刷新了我对"雄伟壮丽"这个词的认识。它是焦特布尔市的标志性建筑，也是焦特布尔这座城市的名片。

　　在焦特布尔市，乃至整个北印度，如果能在梅兰加尔古堡里举办一场婚礼，是无比尊贵的象征。五一国际劳动节当天，剧组依旧在天刚蒙蒙亮时就出发了，我们今天要在梅兰加尔古堡举办一场高规格的"婚礼"。

　　早上六点的时候，我带领剧组登上了梅兰加尔古堡。我们昨天在古堡下面已经感到了它的雄伟，可真正进入古堡的门，沿着石路向上走的时候，梅兰加尔古堡的雄伟程度简直让人瞠目结舌。它以一种宏大的气魄、高耸入云的姿态，以及雄浑的气势，把你怀疑它的心击垮。

它被建在125米高的山峰上，在一块大石头上拔地而起。因为石头和城堡一个颜色，看起来就像是石头上自然生长出的一座城堡。城堡立在山峰上，完全没有人造的痕迹，它自己就像山峰一般。城堡连绵起伏，堡中有一个电梯，但是为了不影响景区正常运营，我们商议了一下，让剧组工作人员全部步行走上城堡。

高大的城门下，我们沿着青石板路向上，刚过了第二道城门，路就变得陡峭起来，虽然美其名曰"走路"，实际上和爬山的感觉一样。又过了一道城门，抬头望去，仿佛城堡直插云天。只见城门下面的石阶上坐着几位白发的老者，他们之中，有的拿着手鼓，有的拿着唢呐状的乐器，在很有节奏地奏着乐曲。见我们走过来，其中一位老人还伸出手来，跟我们打招呼说："你……好。"

他说这两个字好像一个婴儿刚学会说话一样生硬，但是我们听到后，嘴里都是"哎哟"惊叹一声，站住对他们竖起大拇指，模仿着他的声调，说："你……好。"

过了最壮观的一道城门，此时已经接近城堡主体建筑了，其精美程度相对于贾沙梅尔的黄金建筑而言，有过之而无不及。这些建筑不仅雄伟，且建造精致，每个阁楼、每个窗户都精雕细刻，有着无数镂空的花纹，还有布局精妙的微小造型。拐角处、顶端、地缝处，无一处不是鬼斧神工的雕刻，连滴漏都有内外两层。一般来说，小巧才能玲珑，但是印度人做到了"大巧玲珑"。

登上古堡最高处的平台，顿时有一种一览众山小的感觉。在至高处，我才发现，在城堡的西南角还有焦特布尔另一半的广袤城区。原来我们从宾馆到城堡的这一段距离，只走了焦特布尔这座城的一半。城堡的正西方和西南方依旧是密密麻麻的居民建筑，这些建筑显然没有经过合理布局，只是团团簇簇自由群聚着。有接近五分之四的建筑的屋顶和墙壁是蓝色的，只有站在这里才知道，焦特布尔"蓝色之城"的名头绝不是空穴来风。

一场游客乱入的空中欢迎仪式

我们既然来到了印度，就一定不惜代价，取回最美的风景。5月2日，居住在焦特布尔城的居民们若是抬起头来，都会看到在这座城市的最高处，黄褐色的梅兰加尔古堡上，增添了一片红。他们也许会想，又是哪里的土豪在这里举办婚礼？但是来现场看热闹的本地人也会禁不住赞叹，就算是最土的土豪，也布置不了如此浩大的婚礼吧。

今天我们拍摄的是婚礼嘉宾欢迎骑着大象的新郎新娘入场，这是到焦特布尔拍摄以来最大的一个场面。我们的拍摄计划就是让扮演宾客的这些群众演员把镜头所及之处填充得只留少许空白。

道路的两边，美术老师们布置了民族风情的休息亭，在炮台和长廊墙壁的两侧挂满了黄色的布幔，布幔两边垂下了长长的红色布条，鲜艳的布与斑驳的墙对比，产生一种新旧交叉的矛盾美。在炮台上，

这场盛大的印度婚礼中，人们欢聚在一起，跳着舞走下城堡。

那个时刻，好像不是他们演出了电影，而是电影成全了他们的欢乐。

铺满了红色地毯，分布着红色的休息亭和欧式沙发以及餐椅，宾客们手捧红酒杯穿梭其中。在炮台尽头，是高处的城堡，在城堡的顶端，还有一群登高的宾客，凭栏俯瞰，点评着尽头的欢乐场面。其实这个欢乐场面是在距离地面一百多米的上空，这在炮台上稍微抬眼看，就是状如蜂窝的焦特布尔城，以及连向远方的白色烟云，摇臂和摄影机就设在炮台之上。

对面的平台上更为热闹，大部分宾客就聚集在这里。红毯、鲜花这些喜庆的装饰自不必说，还有穿着民族风情服饰的乐队成员，拍着鼓起舞，也有奔跑的孩子，身着黄色长裙的白人少女，裹着头巾的当地人。在高处阁楼上的每扇窗户处，我们都安排了一个宾客站在那里，填充了空白。每当拍摄开始的时候，乐队率先敲响手鼓，起舞的人们开始踩着鼓点蹦蹦跳跳。两边立在栏杆处的人们朝着下面的入口处——大象入场的方向挥舞着鲜花。

摇臂要从对面平台处起摇，摇到炮台上，然后再在炮台上的宾客们之间向前推动。这样一个欢乐的长镜头，因为要涉及对几百人的调度，我们一连试拍了五六次。这次主要是拍人，所以大象入场换到了明后天，也就是说宾客要在栏杆处假装看到大象入场，表现出热烈欢迎的样子。

梅兰加尔古堡的游客众多，就在我刚喊出开拍的命令，一群小学生在老师的带领下从大门口处入场了。这些小学生不知道我们是在拍电影，只见他们在老师的带领下唱着歌入场。一抬头，看到两边高处站满了穿着节日盛装的人们，在朝着他们呐喊着欢呼着。地上铺着红毯，两边挂着彩布，如此隆重的欢迎场面，让他们顿时一脸呆萌地站在原地，互相询问着这是什么情况，关键是老师也蒙了，双手摊着。等到看到了空中正在摇动的摄像机，才恍然明白了什么，大笑了起来。孩子们也明白过来，神采焕发，好像看到了一个美丽的童话。他们在老师的带领下继续向前走，边走边朝着高处的人们挥舞着他们的小手，好像我们就是在欢迎他们的到来一样。

大象忍不住"开了后门"

梅兰加尔古堡的最后一道城门上，扎满了钢牙，显得威严狰狞。一进门是一个 45 度的斜坡，当初之所以这样设计，是为了减少战象的冲击力。事实上自建堡 500 年以来，还没有过战象攻击这里。但是，今天这里却来了一头装饰精美的大象，不为战争，只为驮着我们的"新郎"，在载歌载舞的人群里，为我们的电影增光添彩。

为了拍摄这场印度风情婚礼，我们动用了 1000 名群演，加上工作人员和游客，在这天古堡里涌进了将近 3000 人。站在高处往下看，只见密密麻麻的人群，还有随处可见的摄像机、空中游走的摇臂，这座有 500 年历史的古堡，一点也不寂寞。

我们力求拍摄出一场印度风情的盛大婚礼，除了人海战术别无他法。服化部门准备了 1000 余套印度风情的服装，光化妆就持续了一上午。

下午拍摄的是新郎进入城堡的大场景。当先是 7 名乐手，这些老

者头裹着喜庆的头巾，腰间绑着手鼓，或拿着民族乐器；紧接着是 24
名穿着民族风情服装的女舞者，她们戴着红黑相间的帽子，身上挂着
明亮的饰品。她们的衣着总体风格和清朝服饰很类似，转着圈起舞，
裙子也上下翻飞，很是优美。在舞者的两边，是穿着红黑相间颜色衣
服的婚礼乐队，婚礼乐队由 18 人组成，分列两侧，吹奏着乐器。一
开始，他们喜庆的表情和夸张的表情不够，我想起陕北的民间乐队演
奏，就离开监视器，走过去夸张地示范起来。

在两边，还有 12 名撑伞者，撑起编织着黄色小花的高大花伞。
花伞的高度是人身高的两倍，黄红相间，显出新婚人家的高贵。在两
边，还有 16 名侍者分列，他们手捧盛着红酒的精美器皿，欢迎着四
海来宾。我们的主角新郎穿着蓝色的衣服，头戴白色宝珠面具，坐在
四米多高的象背宝座上。大象身披着印有花朵的红蓝相间的披风，头
戴银色遮阳布，一步一莲花，扎扎实实地向前走。大象的后面跟着穿
着盛装的 800 名印度宾客和 40 名欧美嘉宾，同时还有 20 个孩子在人
群中奔跑，人们在乐队演奏的乐曲中跳着喜庆的舞蹈。

在拍摄之前，我曾有过担心，我看过大象急躁时的视频，象鼻能
像卷起一根黄瓜一样把人扔向天空，象腿踩起人来像摁死一只蚂蚁。
我担心拍摄的时候大象会不会急躁，因为它要在人口密度高的区域反
复地走过场。但是这头象到来之后，打消了我的疑虑，这头大象是经
过驯化的，十分通人性。它上午才从斋普尔坐了几百里的长途卡车过
来，也不显得疲惫。在候场的时候，它静静地站立在那里，一双眼睛
忽闪着，安静地看着那些在看它的人类。当有人抚摸着象鼻与它合影

的时候，它也只是抬抬象腿，摆出造型配合着。它言听计从，随着主人发出的信号走走停停，完成了作为这场戏主角的戏份。

进入实拍阶段，拍摄的是我和白客饰演的唐森与宾客一起狂欢起舞的情节。当乐队演奏起音乐，人们边起舞边开始向前走。走在人群中的大象仪态端庄地向前走，可能是它忍无可忍了，准备大开方便之门。只见它尾巴动了动，向一边偏了一下，然后从屁股里滚出了很大的黄色屎团。

这一场面肯定是在计划外，拍摄自然中止了，大家纷纷指着大象，开怀大笑。大象浑然不觉，只管爽快，排泄完之后，若无其事地接着走路。现场的工作人员只得拿着袋子过去清理，粪便几乎装了半袋子。

当最后一条拍摄结束，我宣布通过的时候，现场爆发出了海啸般的欢呼。人们聚在一起，跳着舞走下城堡，那个场景，好像不是他们演出了电影，而是电影成全了他们的欢乐。

最难协调的大场面拍摄结束了，坐在梅兰加尔古堡上，看着工作人员收着设备，已经提前离开的车队在山路上飞驰，暮色中飞鸟成群飞舞，蓝色之城匍匐在脚下，顿时觉得天与地无比空旷。回想这几日的拍摄经历，我更加明白那句话：不怕动，就怕停。这世间，没有过不去的坎儿。

印度片场直播开挂

2016 年 5 月 4 日北京时间 15：30，印度时间 13：00，斗鱼网595618 直播间忽然火爆了起来。刚刚开始直播 5 分钟，点击量就已经近 200 万，12 分钟以后超过 300 万，30 分钟之后，人数开始超过400 万，最后冲破 500 万大关，在即将创人数新高的时候，直播信号突然陷入了瘫痪。

如果那时候你恰好也在看直播，就会看到一个裹着红头巾的印度装扮的中国人，坐在屏幕前，咧着大嘴，挥汗如雨地给你讲述在印度的见闻。下面还有醒目的直播标题：导演王宝强变身主播，给你讲印度片场的开挂经历。

这是我第一次向公众讲述《大闹天竺》的拍摄进程，没想到网友的反响如此强烈，还没开播就有 20 万人在翘首等待了。在主持人暖场期间，下面的留言正在飞速刷屏，因太过火爆，一秒的时间，一页的留言就被刷得无影无踪了。

我刚结束上午的拍摄，还没吃午饭，就直接赶到直播现场。直播在梅兰加尔古堡下的一个咖啡厅进行，印度的网速巨慢，我们测试了很多地方，只有这个小小咖啡厅的网速才够得上直播的标准。咖啡厅是露天的，中午的气温居高不下，有 40 多摄氏度，我们用来直播的手机刚用了 15 分钟，就因为温度过高而死机了，于是又换了一部手机。我们急忙向咖啡厅的服务人员要来一些冰块，把冰块装在一个小瓶子里，紧贴着手机，用来降温，直播才得以继续进行。

我给网友简单介绍了一下《大闹天竺》的拍摄进度，以及剧组现在所拍摄的梅兰加尔古堡的历史。这个时候，刚好路上开过来一辆四轮车，我快速奔跑到四轮车前，给国内网友直播一下印度的四轮车是怎样开挂的。坐在车上的一家人不解地看着我，他们不知道这个中国男人为什么拿着手机照着他们。他们绝对想不到在遥远的东方，此时此刻，至少有 500 万人在看着他们开着四轮车，要不他们一定会摆出造型，让自己更帅一些的。

我身后坐着两个来自乌克兰的男人，他们正在谈事情，我过去，请他们给中国的网友打个招呼。他们以为只是亲友之间的视频，就礼貌性地打了个招呼，不料当他们看到下面飞速出现的留言字幕时惊呆了，说你们亲友团这么多人。这时候，路上走过来一些吃过饭的剧组人员，我招呼武术指导郭勇和印方副导演来给网友们打招呼。当一脸胡子的印方副导演出现在镜头前的时候，他富有喜感的长相瞬间让留言再一次炸锅。

第二天，我继续在斗鱼网直播间直播，这次我没像头一天一样饿着肚子直播，而是直接端着一盘咖喱饭坐在手机前。我在这次直播中聊了聊印度的食物，比如各式各样的飞饼以及别的特色小吃。

直播持续了四天，我的头巾也换了四次造型，在最后一天直播的时候，刚好赶上了母亲节。这天直播的时候，我特意扎上了一条彩虹头巾，显得喜气洋洋，同时在直播中给网友们唱了一首技术难度很"高"的歌《世上只有妈妈好》。在争取没有跑调地唱完之后，我和网友们开贫：妈妈开心，是天下的宝宝们最大的幸福。有网友回复：宝宝幸福，我们就开心了。

四天的直播，无数网友围观，这种朋友间对坐轻松拉家常的直播，也让我在轻松参与的同时看到了这种新兴互动方式所蕴含的巨大能量。

就算没有芭蕉扇，
也要走过火焰山

热天去，才能拍出印度那个劲儿

与我合作过《Holle！树先生》的韩杰导演来印度探班的时候跟我说，他对朋友们说了我要做导演的事情，现在演员转做导演的不在少数，因此对方只是笑笑，并不吃惊，但是他对别人说我要去印度拍戏的时候，对方惊讶地说：我的天，宝强还真弄啊！

朋友之所以如此感叹，就是深知异国拍戏，对一个经验比较丰富的老导演来说都是一个挑战，何况是像我这样的生瓜蛋子，更何况来的又是人多天热的印度。但是我这个人比较固执，既然是我导演的第一部作品，就不能让它流于世俗，我就要真枪实弹地拍摄一部别具特色的作品，它不一定能成为精品，但是我一定要竭尽全力，至少要让观众看到这部电影的诚意。

其实，来印度之后，各项费用均比国内要贵得多，有很多的钱都不知道花在哪儿了。后来，我想明白了，我们既然远来是客，就要交上一些见面礼，多余的钱，花在对印度人民的真诚上了。

在西征发布会的后台，曹保平导演和徐峥导演听说我要在印度最热的季节去拍戏，他们表示赞同，说："热天去，才能拍出印度那个劲儿来。"我当时还沾沾自喜，其实，要是知道了后面的事情，我当时肯定是应该哭的。

以毒攻毒——光着上身在片场跑

自从开拍以来，剧组转战在拉贾斯坦邦的三个城市：斋普尔、贾沙梅尔、焦特布尔，我们很快就发现，我们不仅能拍出那个炎热的劲儿，更能感受到那个炎热的劲儿。甚至我们最大的敌人不是设备、资金，或者语言文化的不通，而是印度的气候：几乎变态的热，让人抓狂的热。

自从在斋普尔开机以来，我就明显感觉到，印度异乎寻常居高不下的温度。这种热是让人无处躲藏的，尽管有风吹来，却完全是更加火辣的热风。机器拍摄一会儿，就会因为高温死机。凡是来印度的工作人员，都会在朋友圈和微博发一张近期天气预报的截图，有"恐高症"的都不敢看那些温度有多高。

在斋普尔的时候，我们期待下一个城市会凉爽一些，不料贾沙梅尔更加炎热。在贾沙梅尔的时候，我们渴望早些转场，总感觉凉爽会在下一个城市降临，怎料扑面而来的依然是热。

后来我查了查资料才知道，我们碰上真正的对头了，越来越热和

每天顶着印度火热的太阳，
我都会在心里大喊：
再多的苦难，都来吧，
我们就算没有芭蕉扇，也要走过火焰山。

我们换城市没有关系，而是和逐渐进入 5 月有关系。拉贾斯坦邦真正的高温季就是 5 月，整个 5 月干燥的西北风在这里盘旋，导致异常的高温。

在斋普尔和贾沙梅尔的时候，最高温度一直在 40 摄氏度，地表温度就不说了，最高时能够达到五六十摄氏度。在最后一个城市焦特布尔的时候，最高温度一般在 48 摄氏度，夜里最低温度也有 30 摄氏度。在现场拍摄的时候，常常会感到胸口一阵烦闷，若是补水不及时，眼黑发晕是正常现象。

从早上到现场，汗水就一直在流，一直流到黄昏时收工，坐到有空调的车内才罢休。"幸运"的我出演的角色还得穿着厚厚的戏服，穿上 20 分钟之后，里面的背心就已经全湿透了，浑身湿腻腻的。每每表演起来，这种不舒服的感觉，就像是孙悟空听到了紧箍咒。

汗水流得多，就得拼命喝水补充水分。为此，剧组准备了充足的矿泉水，矿泉水泡在一个大水桶里，里面放着巨大的冰块。印方的场务背着一个大背包，背包半敞着口，装上矿泉水，满场地游走。见到中方工作人员就掏出一瓶水来，嘴里说着刚学会的一句中文："冰冰凉、冰冰凉。"

一天下来，平均每个工作人员要喝上 20 瓶矿泉水。不停地补水，却只进不出，很少有小便的现象，我们的厕所车就停在现场，形同虚设。有的时候，明明感到带着一股尿意去现场，半个小时后就没有尿意了。若是穿上一件深色衣服，汗水被蒸发以后，上面白花花一片，衣服看起来，很有后现代主义的设计感。

　　在拍摄现场，我们坐的椅子大都是塑料的，也许说出来你都不相信，高温之下，椅子也能被融化。它的腿经常陷入酥软状态，有工作人员坐上去之后，椅子腿瞬间软塌，随着一声惨叫，人仰椅翻。所以再坐起椅子来，他们就如履薄冰，先用手摁摁，确定结实了才会坐，怎料刚坐上，又是"扑通"一声。

　　高温带来的，还有工作的不便。摄影机的频繁死机不说，工作人员的笔记本电脑也像中暑了一样，工作一阵就必须到鼓风机那里降降温。怎料鼓风机那里鼓出来的也是热风，本想降温，谁知越吹越升温。经常有工作人员刚做完的工作成果还未来得及保存，电脑就死机了，气急败坏地抱着它去拍摄现场之外的房车里，因为房车上有空调，可以降降温。怎料上了房车之后才发现，那里沙发上坐着的、地上趴着的全都是拿着笔记本办公的工作人员，没有立足之地，只好气急败坏地下来。

　　手机也是这样，一会儿温度就噌噌上蹿，10分钟之后，它就有一种灼热感。20分钟之后，它就显示出高温警报，半个小时之后就黑屏了。

　　根据剧情需要，演员会有一些趴在地上的动作，在气温48摄氏度的同时，地表温度已经到六七十摄氏度了，石头都烫手，人趴在地上，简直就成了锅底的生煎。在焦特布尔纪念高地拍摄最后决战这一场重头戏的时候，需要一些特型演员趴在地上，做死尸状。这场戏一连拍摄多日，这些演员就齐刷刷躺在骄阳下的沙地上，一晒就是一两个小时，那滋味可真是上面晒、下面蒸，活脱脱的铁板烤肉。

在一个多月时间里，剧组有 20 多人中暑，有六七人在现场晕倒，一位动作副导演在磕碰之后出现了小伤口，开始没在意，怎料高温之下，伤口迅速发炎，最后整个小腿都肿胀起来，不得不迅速回国治疗。

我们明明来这里"大闹天竺"的，实际上一直在被天竺闹，影片改名《天竺大闹》比较切合实际一些。

在拍摄现场，大部分工作人员都担心被晒伤，捂得密不透风，我却逆道而行，光着上身，在阳光下四处游走，指挥拍摄，任凭阳光照在我身上。我坚信：以毒攻毒会有效果，躲在阴凉里，只会越来越热。真正解决热的方法就只有一个：面对热。

在温度直逼 50 摄氏度的片场，我光着上身在阳光下晒成了一道亮丽的风景。其实我这是为了预防中暑，才赶紧到阳光下晒一下，一直晒，皮肤自然就对阳光形成了免疫力，"防晒功"就大功告成了。不过说起来也奇怪，我光着上身在印度如此高强度的阳光下暴晒了两个月，肤色也只是偏暗了一些而已，任凭我再努力，还是达不到印度人的肤色。

片场上的摊鸡蛋实验

5 月 20 日，又一个温度逼近 50 摄氏度的高温日，在紧张的拍摄之余，我在露天的片场进行了一个摊鸡蛋实验。

我们找来了几个鸡蛋，还有一壶食用油和一些盐。我们把一块铝板放在阳光下，暴晒了两个小时，用手摸上去已经烫手之后，我把少许油倒在铝板上，没有如愿发生"呲啦"的声响，但是油很快发烫了。我把鸡蛋打碎，浇在油上，蛋汁在油上慢慢凝固，我赶快在蛋汁上撒上盐，一分多钟以后，蛋汁厚的地方颜色越来越黄，蛋汁薄的地方颜色越来越白，鸡蛋渐渐凝固在铝板上。

这一次实验之后，我们总算明白为什么今年印度的比哈尔邦（即玄奘取经终点那烂陀寺所在地）禁止民众白天用明火做饭了，原来阳光就是明火，还浪费资源干什么呢？我们在煎鸡蛋实验以后，下一步还打算铁板炒蔬菜、清炒西蓝花，最后直接对着太阳吃火锅。

国内的一些朋友从媒体上知道这场印度高温灾害，他们无不对在这里接受高温蒸烤的剧组表示关心和同情。这时我才知道，我们竟然赶上了印度多年不遇的高温和大旱，有近 3.3 亿人受到干旱影响而没有足够的日常用水。河床干涸龟裂，死鱼随处可见。我们所在的拉贾斯坦邦，51 摄氏度的高温下，城市的柏油马路开始逐渐熔化，人们穿着鞋子从柏油马路上走过，出现了"要想过此路，留下鞋子来"的一幕，鞋子被柏油路粘住的不在少数。有的连鞋子也不要，光着脚逃出"铁板烧"一样的街道。

剧组的取景地在印度与巴基斯坦接壤的地方，属于酷暑重灾区。电影拍摄进入白热化阶段，天气也进入白热化阶段，漫长的 5 月才刚刚开始。每天出发去片场的时候，望着车窗外火红的朝阳，我都会在心里大喊一声：再多的苦难都来吧，我们就算没有芭蕉扇，也要走过火焰山。

焦特布尔纪念高地上演"风神榜"

焦特布尔的纪念高地其实并不高，所谓纪念，就是对死去的皇族的纪念。这里建造了 30 多个大大小小的黄砂岩建筑，来作为皇族的衣冠冢，建筑和贾沙梅尔的皇家陵墓很是相似，但是根据建筑的模样来看，年代貌似更加久远。这个皇家陵墓位于焦特布尔郊外十来里的地方，自然风也最大，周围是焦特布尔市民的采石场，被破坏到几乎没有植被的境地，彻彻底底地成了一个准沙漠了。

5 月 23 号左右，在我们眼睁睁看着印度气温逼近 50 摄氏度大关的时候，它终于肯消停一些了。接下来的几天，最高气温平均降了 5 摄氏度左右，也没有之前沉闷了。在我们正窃喜的时候，又一个不好伺候的主——风，驾到了。

风没日没夜地吹，剧组吃饭的地方，餐棚也没办法搭起来，只要一搭上，强劲的风就会把餐棚给掀掉，于是只好露天就餐，想想觉得也别有一番滋味！但是餐盘里盛上轻一点的食物，或是在桌子上放上只有半杯水的水杯，稍不注意，瞬间就会从桌子上消失。吃饭的时候，必须眼观六路，看着桌子上的食物，以免它被风掳走。不过因为风沙太大，吃着的时候，嘴里的食物嚼着也会"咯吱咯吱"发响。

风力很猛，一天我们刚到现场，强劲的风就把我们搭好的巨大背景板给掀了，好在背景板是往外围倒的，没有造成人员受伤情况。

在现场拍摄的时候，风卷着黄沙演变成了沙尘暴，皮肤上、衣服上，全是金黄的沙子。风力很是威猛，迎面撞来，黄沙塞得人耳鼻里都是，呼吸一口，就像是吃土一般。为了对付黄沙，剧组工作人员也是全副武装，用纱巾裹住耳朵和脸，只露出两只眼睛，远远望去，个个都像是从中东过来的阿拉伯人，活动在一片陵墓之间，很是诡异。执行导演把每个人这种装扮的头像都拍了下来，合并在一张图片上，看着上面整齐划一的纱巾头像，很像是"风神榜"。

刚过火焰山，又遇到铁扇公主的芭蕉扇。当初唐朝最勇敢的玄奘来到天竺，曾在菩提树下痛哭。我们这一帮同样来自东土的赤诚电影人，正在茫茫印度，以一腔热血，顶着烈日，来取回一部电影圣经。对电影的热爱，是照亮我们前行的不二信念，纵然前面还有很多困难，也难以抵挡我们取经的赤诚之心。

只有开心地工作，才能有开心的结果

<hr />

　　《大闹天竺》在印度拍摄的时候，剧组成员来自多个地方，有种亚洲的兄弟姐妹大联欢的感觉。印度工作人员最多，其次是中国大陆，还有香港和台湾地区的同胞，于是出现了一些比较有意思的画面。

　　我会用带着河北口音的普通话说出我的拍摄想法，先被助理翻译成英语，印方的翻译接收到英语后，他会翻译成印度语，印度语又分很多种类，他们之间会互相翻译，自行处理。与此同时，来自香港和台湾地区的同胞会翻译成粤语以及娱乐节目中常常出现的台湾话，还有操着一口流利河南话的场工、纯正京腔的商务制片……各种语言像纷纷炸开的烟花，热闹极了。所以，语言的互相翻译让一个指令的上传下达产生了多个周转环节，甚至拍摄进度也会受到影响，后来干脆就采用全世界都通用的语言：比画。

　　剧组工作人员的工作风格也各有各的特点，印度工作人员最大的特点就是慢，他们从来不知道什么是紧迫。我们所取景的场地大都是下午六点之前要求剧组结束拍摄，所以拍摄起来争分夺秒，但是印度工作人员好像独立于时间之外，他们整体处于一种很无辜的游离状态，你很紧张，但他们依然是麋鹿遇到的蜗牛，你再快，也带动不起来。

　　印度工作人员还有一个特点，就是真诚。他们是打心眼儿里想为你做事的，他们很善良，只要你有所需求，他们不管用多久，总是能给你办到。他们以近乎偏执的态度在尽职尽责，在接近 50 摄氏度的高温里，他们穿着长裤长袖上衣。他们一刻也不偷闲，在各自的岗位上忙活着。尤其是印方的安保人员，他们永远穿一身黑灰色的制服，一身上下不透气，我们的拍摄地点大都在郊外，他们依然站在拍摄现场四周的荒野上，警惕性很高，来回走动着，任阳光暴晒。他们从不坐下，只要在工作时间，你只要抬头看他们，他们总是在那里站着，只要开拍，他们都会整齐地喊出"silence"。

　　印度的场务是剧组最辛苦的。《大闹天竺》剧组所到之处，尽管再偏僻，也都有两个用餐餐棚，一处提供中国餐，一处提供印度餐。早餐六点准时开始，所以这些餐棚的搭建，还有早餐的制作，让场务们凌晨三点就要起床，在开拍的这段时间里，印度场务每天的平均睡眠时间是三到四个小时，他们身上真的有骆驼的品质——吃苦耐劳。

　　来自港台的工作人员最大的特点就是快，他们的动作就像他们拍的电影，节奏变换快。他们走起路来大步流星，总是以救火的速度去做一件事情。他们做事情很努力，尤其是香港的工作人员，这与他们行业环境有关系，香港影视业发达，但是地方小，圈子小，大家都是靠着口碑进剧组，谁不努力，很快就会被整个圈子扫地出门。虽然，他们已经来到市场、圈子更大的大陆拍戏，但是他们的习惯依旧没有改变，他们总是以百倍的激情去做一件事。

　　另外，大多数港台的工作人员不苟言笑，他们总是很严肃地坐在

我常常感恩我的幸运，因为我现在所从事的职业就是我的爱好。
我相信我以及我的团队都会在电影的创作里，收获一种创作的快乐。

那里，一刻也不能放松的样子。后来才知道，那是因为他们和你还不熟悉，一旦熟悉了以后，他们说的段子一定比你多。

来自大陆的工作人员则是集大成了，他们有快有慢，动静结合，各种风格都有。但是他们共同的特点就是尽职尽责，他们大多数没有体验过这种变态热，但是也从不退缩。

因为人员多，各种沟通不到位的现象自然是有的。导演这个职位是各种矛盾汇集的焦点，一旦被架在导演这个位置上，你就是解决问题的总舵主。导演的风格，决定了整个剧组的风格。

我曾经向陈凯歌导演请教，当遇到解决不了的问题时该怎么办？凯歌导演说先放放。先放下，是让自己冷静下来，跳出庐山之外，才能看清楚问题所在。但是有很多时候，现场的问题是放不下的，因为很多人在等着你做决定，每天的钱也像流水一样被花掉。我只有让自己冷静，依靠原来偷师的经验和团队的智慧，相信车到山前必有路，庆幸每一次都顺利地解决了问题。

我始终认为，电影和小说还不太一样，小说是写梦，电影是造梦，电影是一个集体的艺术创作，所以更需要群策群力。保持轻松的氛围，让大家以玩的心态去工作，更能激发出创作灵感和主动性，创作性被调动起来了，大家才会给电影贡献出自己的力量。我到了现场之后，总是爱和工作人员开玩笑，空闲的时候，我会挑个场地，练一练功夫，引得他们一片喝彩。剧组上下都很和谐，印方和中方的工作人员经常不需要语言也能互相开一些玩笑。让我最欣慰的是，在片场时常能见到大伙儿的笑脸。

恢宏的杀青合影留念

2016 年 6 月 3 日，《大闹天竺》剧组在焦特布尔纪念高地的拍摄结束了，在这里拍摄的是电影最后的重头戏，我们在这里拍摄了长达半个月。

纪念高地周围全是荒芜的沙碱地，方圆五里之内，见不到人烟，只有流浪的牛不时光顾这里。我们只有这些逝去的王公贵族做伴，每天早上开机之前都敬香一炷，对打扰他们表示歉意。

当天下午，我们在纪念高地拍完当天最后一个镜头之后，剧组全体人员在这里合影留念。这是一个声势浩大的合影，在印度的所有工作人员悉数到齐，低处有七八排工作人员，高处陵墓上也站满了，人数竟然有 500 多。

作为导演的我此刻更加真切地感受到，竟然有这么多的同事在背后保驾护航。印度的电影产业很成熟，不仅人员专业，而且分工细致，连专门放冷气的也成立了一个空调组。在国内的拍摄现场，大都是胳膊上文一条龙的社会人员维持秩序，但印度已经有身穿制服，且具有高素质的专业安保队伍了。他们遵守军人的纪律，片场之外，永远笔挺地坚守岗位。

虽然世界很小，但是西天万里之遥，
有很多人再见之后就是再也不见了。

　　当剧照师拿着相机要求我们摆出造型的时候，我在人群里，手拿金箍棒，对着镜头呐喊，现场随即爆发出口哨声和欢呼声。这是两个月以来，踏着火焰山山口的取经人，走过火焰山之后的一种释放式呐喊，也是提前宣告我们熬过了最艰难的拍摄日子。这是胜利的呐喊，也是告别的呐喊，因为几天之后，我们这个团队就要解散了。在欢呼的时候，我看到有些工作人员的眼睛湿润了，他们悄悄转过身去，擦了擦眼角。我心头一热，很感激能有这么一个拧成一股绳的团队。

　　大合照拍摄结束之后，剧组人员就开始了自由组合合影。虽然文化不同、肤色不同、语言不通，但在两个多月的相处中，中印工作人员之间产生了浓厚的情谊。感情是全世界人类互通的语言，超越种族的隔阂。大家都深知，虽然世界很小，地球是一个村庄，但是西天万里之遥，有很多人再见之后就是再也不见了。

　　夕阳西下，纪念高地的建筑此时显得分外柔美。剧组车队在纪念高地的门前集合，挥别这片奋战了半个月的地方。虽然我们与它告别了，但是我们却把它装入了一部电影里，与东土千千万万的观众分享。

难忘的印度生日会

我小时候是不过生日的，因为穷，顶多在生日这天，母亲会在锅里煮上一个鸡蛋，父亲也会在这天对我和颜悦色不少。后来有条件过生日，却没有过生日的时间了，但在印度，我却度过了一个最难忘的生日。

在《大闹天竺》即将迎来印度的戏份杀青的时候，也迎来了我的生日。因为身在异国，见不成面，6月4日早上，我与远在家乡的母亲网络视频，母亲在视频那头对我开心地笑着，叮嘱我记得吃鸡蛋。每到这一天，我都会感恩母亲为生我所承受的痛苦。

我想：所谓生日，只是人为了在一年之中，找一个与自己有关的日子，刷一下存在感而已。

一上午紧张的拍摄结束，中午的时候，我在片场特意吃了一大碗面条，我想，这就算是长寿面了。

在印度拍摄电影，最大的好处也是最大的被动之处，就是拍摄必须准点，每天都是下午六点之前准时收工。这样就能够保证工作人员的休息，但是会让拍摄进度变得很紧张。这一天依旧是下午六点收工，吃过晚饭，我回到房间，洗过澡后，刚九点的样子。因为一天紧张的拍摄，我有点累，正准备睡觉。似睡非睡之间，听到助理在外面敲门，说楼下会议室有人找我，我以为是明天的拍摄计划出了什么问题，拔腿就跑下楼。

刚走到餐厅门口，就遇到艺术总监邦哥，他带着一脸坏笑。我以为他找我说事情，正想开口叫他，他对我点点头，坏坏一笑。就在我刚要走到他身边的时候，他用了很大的力气，一把把我推进一旁的餐厅。

一进餐厅大门，迎面撞上来炸开的礼花，震耳欲聋的欢呼声像是海啸一样忽然袭来，我瞬间睡意全无。透过礼花炸开的缝隙，我看到所有人开怀地笑着，大家都在鼓掌，在对我大喊着生日快乐。站在人群前面的林永健和马浴柯老师分别给了我一个拥抱，餐厅里乌压压全是人，中印主要工作人员几乎全部到场了。

我感觉像是进入了另一个世界，一时蒙在原地。只见偌大的餐厅被装饰得花团锦簇，每把椅子上都绑上了红丝带，餐厅前面还搭建了舞台，彩灯闪烁，大音箱播放着富有印度风情的乐曲。舞台上面，一个很大的巧克力蛋糕摆放于正中，上面写着"小宝宝生日快乐"，连投影仪都准备好了。很显然，这是他们在剧组另立旗帜，背着导演，蓄谋已久搞的一个活动。

在与赵崇邦、林永健、元宝诸位老师合影的时候，邦哥对我说："导演，你心跳得很厉害。"是的，见过很多规模更大的场合，但是，突然面对这样一个为我个人精心设计的场面，我仍然有点局促。就在合影的时候，大家不约而同随着音乐打起拍子，印度副导演跳着舞走

我想，多年以后，只要吃起生日蛋糕，
我一定会想起这个美好的夜晚，还有那些印度友人真诚的笑脸。

过来，我一秒钟就进入了舞蹈状态，和他十分默契地跳起了印度舞。

随着一个个惊喜揭开，我更加感到这个活动他们不是筹备一天两天了。他们竟然还偷偷录制了一个短片，那是各个组分别录制的生日祝福，就像春晚上播放的祝福视频那样。他们在拍摄场地或在纪念高地，或在宾馆房间，有的是集体唱着生日歌；有的一起喊出"生日快乐"；也有今晚因故没能参加的印方工作人员用手机单独发来的视频。这样的事情发生在我的眼皮底下，我竟然毫无察觉，可见我这个导演的洞察力是多么弱。

灯光暗下来，在吹灭蜡烛之前，我对这些与我奋战了两个月的同事表达了由衷的感谢，我说："火焰山难熬，但是终究我们过来了。感谢你们陪着我，感谢你们今晚的祝福。我们今晚的任务就是吃好喝好，今晚不睡觉，明早不起床，明天我们集体罢工！"

导演带领剧组罢工的事情，估计天下少有，这个倡议一如我的预料，没有任何阻力，得到大家的一致欢呼，通过。

于是这个晚上，《大闹天竺》剧组在焦特布尔市进入了狂欢，我们伴随着印度音乐舞了起来。不管会不会跳舞的，都加入进来，哪怕扭一扭屁股，也能体验到那种欢乐。我第一次知道了什么叫人们常说的"载歌载舞"，跳到兴奋之处，一个印度小伙把我整个人都扛了起来，我坐在他脖子上，在半空中看着舞动的人群，一时有点缺氧。朦胧中，忽然见到白客也升了起来，原来他也被人扛了起来，只见他兴奋地挥起胳膊舞个不停。

在印度过的这个生日，注定是让我难忘的，参加人数之多，国籍之多，还有舞蹈之多，都是我所没有经历过的。其实说是生日会，更像是电影在印度拍摄提前杀青的庆祝会。

我想，多年以后，只要吃起生日蛋糕，我一定会想起这个美好的夜晚，还有那些印度友人真诚的笑脸。只是以后再也难有这样的氛围，去疯狂地跳杂耍式的舞蹈，也很难再在异域与他们欢歌了。

自己的电影，含着泪也要拍完

在印度的时候，同事之间有一句笑谈："哪儿凉快哪儿待着去。"这真的不是一句骂人的话。其实大家都心知肚明，要是真的想凉快，就回国算了。每当因为高温快要坚持不下去的时候，我都会安慰自己：回国之后就会好的，北京，一定是一个凉快的地方。

但是自从在北京开拍以来，就明显感到出了印度，来到了另一个印度。很不幸，我们刚从南亚一年中温度最高的 5 月出来，就迎面撞上了北京最热的 7 月。

其实就剧组的拍摄轨迹来看，我们是哪里热就去哪里待着。出了印度的热季，来到了北京最热的季节，我这个导演很像是追日的夸父，带领着一个热火朝天的剧组辗转玩火。

我们在顺义区一个摄影棚内搭建了印度风情的建筑和垂满沙丽的沙丽厂。摄影棚刚刚建好，配套设施尚不完善，地处荒郊野外，周围三公里以内，除了绿色植物以外，不见任何建筑，真的是延续了印度拍摄现场的一贯风格，尤其是棚里常常陷入"无服务"状态的手机信号，更让人有种没有离开印度的恍惚感。

我们的拍摄时间都是从早上到夜里，棚里光线昏暗，地面又极为潮湿，进入其中，密不透风，就像是一个与世隔绝的地带。拍摄进行到夜半时分，汗水和棚里的潮气使得衣服与皮肤粘在一起，说不出的难受。

在印度的时候，因为拍摄地有时间限制，每天下午六点都会准时收工。回到国内，往往是以两头不见太阳的方式来出工的，拍摄压力骤然加大，偶尔来个凌晨两三点收工，也是常事。有些在印度时就跟随的工作人员，经历过火焰山也没有精神萎靡，但回到国内，连续熬夜几天，便像霜打的茄子，走路呈现梦游状。因为他们晚上回去以后还需要拷素材、洗澡、洗衣服。我们调整了一下出工时间，改为中午开工，半夜收工，这样能够保证休息时间。

拍摄期间，正值北京的雨季，大雨不打招呼说来就来。它心情不好的时候，还裹挟着大风。有一天黄昏时的一场暴风雨，瞬间把摄影棚外的茶水棚给掀翻了。大风卷起的雨雾，像是游走的苍龙，衔起我们的咖啡红茶满天飞。工作人员冒着大雨，奋力抢回我们的物资。

这期间全国普降大雨，先是在武汉肆虐，紧接着到了河南新乡，之后是河南安阳，接下来是河北邢台，最后到了北京。

7月19日，"进京赶考"的大雨终于到了北京，正是我们日夜赶戏的时刻。这场大雨一路北上，终于到了根据地，乌云一头栽了下来，大雨倾盆而下，几乎没有停止，哗啦哗啦一直下到了21号。20号早上，我们本来准备冒着雨出工，但是考虑到拍摄的顺义区位于山区，大雨之下，危险系数升高，全体剧组人员只好在宾馆待命。这是《大闹天竺》开拍以来，第一次没有按照通告出工。我在剧组驻扎的宾馆里望着窗外的瓢泼大雨，忧心如焚，想着两天后就要转战河南济源拍摄外景，那里会不会受到山洪影响，还是一个未知数。

大雨在 7 月 21 日停止，剧组出工正常拍摄，已经前去河南济源打头阵的制片同事飞鸽来报，山洪刚刚退去。果然，等到我们大部队转战河南济源和新乡两地之后，看到刚刚被大雨洗礼过后的群山风景秀美，山间云雾缭绕，瀑布飞流直下，山涧的小溪水流量是平常的几倍，倒是为电影中花果山的取景拍摄增添了几分仙气。我们的美术总监看到大自然已经布好的景，兴奋地拿起手机连连拍照。

虽然拍摄期间大自然接连向我们发起了挑战，但是我们克服了种种困难，利用各种条件，顺天而拍，圆满地完成了拍摄。

我已经连续奋战三个月了，在拍摄现场，我从未迟到过，往往也都是第一个到，最后一个离开。我的睡眠严重不足，在别人还有时间坐下喘口气的时候，我必须振奋精神，处理一件接一件的事。

每当想到这么多前辈高人的鼓励，这么多影迷的期待，我必须得坚持下去。自己的电影，含泪也要把它拍完。

世界上最大的谎言就是"你不行"

在听说王宝强也要当导演拍电影的时候,很多人的第一反应是他能行吗?是不是要赶这么一波导演热,趁着自己的名气再捞一笔?电影圈和其他圈子一样,充斥着浮躁的气息,恨不得今天几个人撺掇一起,明天就鼓捣出一部"千秋杰作",后天就能上映,票房直冲九霄而去。

不仅别人质疑,我也一再问自己:我能行吗?

其实,往往这样问自己的时候就已经在怀疑自己了,只是否定自己的答案没有说出来而已。

在怀疑自己的时候,对于提出这个问题的影迷和我而言,时间也流逝了。在你犹豫的时候,会有更多的怀疑从四面八方汹涌而来,我们就此陷入恶性循环。

我听过一个美国作家的故事,这个作家的名字叫安·拉莫特。一天晚上,他10岁的哥哥正为无法完成一份鸟类报告的作业而苦恼,而这份作业在三个月前就已经布置了,眼看着明天就要交作业,为此他愁眉苦脸。这时,父亲走了过来,听了哥哥诉说的苦恼以后,对哥哥说:"一只鸟接着一只鸟写下去,只要按部就班地写,就能完成。"

做导演之后我有了这样的感触：

真正的困难是在做这件事之前，一旦在路上，

以前想象的难度可能压根儿就不存在。

在《大闹天竺》饯行会上，韩杰导演分享了一个关于姜文导演的故事。姜文在拍他的导演处女作《阳光灿烂的日子》的时候，第一天上现场前，他有点茫然，不知道怎么拍。可是当他到了现场坐下来，感觉马上出来了，就知道怎么拍了，这是一个很奇怪的化学反应。所以，只要你坐到监视器前，你所有的经验都会被调动起来。

说了这么多，鸡汤喝够了，那么就开始做吧。当别人说你不行的时候，恰恰是我们出发做这件事的时候。我在做导演之后也真的有这样的感触：**真正的困难就是做这件事之前，一旦在路上，以前想象的难度似乎降低了许多，甚至压根儿就不存在。**我相信当玄奘法师跟随着难民逃出长安城的时候，最困难的事情就已经解决了，宁可向西而死，岂可东归而生。沙漠之困，雪山之险，在他心中，已经是平地。一路上，肯定有数不清的人对他说着"你不行，往前走死路一条"，但是玄奘法师的脚步是对这些人的质疑最有力的回应。

在《大闹天竺》拍摄过程中，困难重重，800多中外人员参与的剧组在运转，跨国作战，各路大腕驾到。作为导演界的生瓜蛋子，就算事前考虑得再细致，只要有一个小细节考虑不到，都会导致拍摄进程受阻。但上面的那个故事告诉我：剧组已经建好，摄像机也已经到位，只要一个镜头接着一个镜头拍摄，总会完成的。

"你不行"三个字，是世界上最大的谎言，它的作用，仅仅是让你加快脚步，朝着"行"的方向前进。

人越是简单，就越容易得到快乐

这么多年参与拍了很多电影，也看了很多电影，我一直在想，什么才是好的影视作品，而我要拍一部什么风格的电影呢？

电影有两个主要属性：商业性和艺术性。在我看来，电影的艺术性在前，商业性在后。如果拍电影的时候，眼睛只盯着钞票，那么拍出来的注定是一部铜臭味飘万里的电影。要知道，观众花钱买票进影院，就是图的这部电影能给自己带来感官上的刺激和思想上的的启迪，总之，是为了寻求情感上的共鸣，即为了电影的艺术性而来。

与写小说的只要一支笔和几张纸的投资不同，电影是耗钱的艺术品，动辄百千万钱，几百人的加入，日出斗金。而投资人把真金白银给你，并不是想让你就地打水漂的。

那么问题来了，如何做到艺术性和商业性兼顾，如何对得起观众，又对得起投资人，更要对得起自己，这是摆在所有电影人面前的一道考题。

我的目标很明确：我要拍一部老少皆宜，在收获欢乐的同时，给人以思想启迪的电影。这部电影要不走寻常路，要像孙悟空那样挣脱束缚，有趣欢乐，奇招迭出，而且在看过之后，能给人以回味，为人们带来很多思考。它不仅能给人带来欢乐和感动，同时也能传递一种积极正面的价值观——这就是我心中的好电影。

一听到《大闹天竺》这个名字，可能很多人只会想到，这是一部闹腾的喜剧。没错，这部电影囊括了改革开放 30 多年以来，很多具有代表性的喜剧人。从陈佩斯、朱时茂到林永健、岳云鹏，都是影响着人们，包括影响着我本人的喜剧人。我们还专程去了以开挂著称的喜剧国度印度拍摄，中国西游喜剧元素加上印度风格，这注定是一部很好看的喜剧电影。

但是，"大闹天竺"四个字，如同喜剧风格一样，只是一个外壳，我们只是借助这个载体来传递一种价值观。正如"大闹天宫"这个故事一样，吴承恩只是通过孙悟空踏破凌霄、放肆桀骜的故事，传递出不畏强权、敢于挑战的无畏精神。

我想通过《大闹天竺》表达出电影人对电影的真诚。我们不惜重金和心血，联合宝莱坞的团队，在印度转战三个城市，冒着 50 摄氏度左右的高温，在 30 余个景点实地取景。每一个镜头都经过我们反复打磨，每一帧的构图都经过我们反复琢磨。归国后，转战北京和河南，搭建专门的印度风格建筑，昼夜奋战。在电脑虚拟技术日益发达的今天，电影拍摄者为了省一些成本，能虚拟的尽量虚拟，我们则逆道而行，坚持实景拍摄，因为我们知道：真实才是感动观众的前提。

《大闹天竺》不只是想让观众笑笑就结束了，而是想传递出一种简单快乐的价值观，具体来说，就是孙悟空这个神话人物的精神。孙

很多人不快乐，是因为没有返璞归真，用简单的眼光去看问题。
人只有越简单，就越容易得到快乐。

悟空虽然深入中国人的内心，成为老少皆知的国民男神，但是很少有
人能真正理解悟空精神的内核：乐观、坚持、叛逆、灵活。正是这四
样内核，撑起了一个有血有肉的齐天大圣，让他成为不因时间而褪色

的国民偶像。

电影中，我扮演的"武空"就是现代版的"孙悟空"。他快乐，又有种不墨守成规，敢于独挑乾坤的叛逆，有着坚守信念决不妥协的执着。在追梦的道路上还擅长灵活变通，逢山开路，遇水架桥，剑走偏锋。

同时，他简单。在越来越复杂的社会里，简单反倒成一种奢侈品了，更多的人不快乐，就是因为没有返璞归真，用简单的眼光去看问题。人越是简单，就越容易得到快乐；相反，人复杂了，所面对的往往也就复杂了，做事情的时候，就会更加犹豫不前。我们借助这部电影，就是想把悟空精神的内核传递出去，也让更多的现代人突破桎梏，放掉负担，收获一份简单的快乐。

我们也想借这部电影表达兄弟之情。**兄弟情是一种不离不弃、携手共度的情谊，不仅仅是困难时的拔刀相助，更是平淡生活中的陪伴，进取路上的相互扶持，这种情谊比爱情要稳固，比亲情更知心。** 西游路上，师徒四人的情谊名义上是师徒情，但其内核却是兄弟之情。《水浒传》名义上是讲述兄弟之情，实际上却有臣对君忠的思想，他们对大哥更多的是敬畏，为了哥哥的霸业而牺牲掉自我。而我更加相信，真正的兄弟之情是在《西游记》里，四个男人跋山涉水、历尽艰险、不离不弃，直至成功也初心不改。

讲得再多，也不如您坐在电影院一看，一千个观众就有一千部《大闹天竺》，你一定能从这部电影里得到你想要的。这是我们送你的礼物，不仅属于我们，更属于你。

没有你行不行，只有你能不能扛
——林永健老师的坚持

电影《霸王别姬》里有一句台词是这么说的："要想人前显贵，必得人后受罪。"任何事情有 A 面，就必有 B 面。**无论什么职业，但凡有那么一些成绩的人，其背后必将有着他人所看不到的努力与付出。**

林永健老师是中国观众耳熟能详的演员之一，他从 1997 年参演首部作品《和平年代》至今，饰演过很多角色。从汉奸刘魁胜到解放军将领聂荣臻，从农民喜耕田到戴假发的城市妇女……20 年来，可谓风格百变。一直不断地尝试是林永健老师在演艺圈 20 年常青的原因，而能扛能忍的坚韧，则是他成功的秘诀。

2016 年 3 月 29 日，距《大闹天竺》正式开拍已进入倒计时。在剧组下榻的宾馆会议室，我组织主要演员还有剧组主创对剧本进行围读。

林永健老师坐在一边，我就发现他的脸色是不好，表情有些凝重。当轮到他所扮演的角色读台词的时候，他则是用一种近乎撕裂的声音朗读出来的。我当时以为这是他对角色的独特理解，所以没有特别放在心上。随着围读时间的拉长，林永健老师的身体开始有了不自

120

然的扭动，他时不时用手捂着自己的腰部，仰脸看着天空，表情狰狞。可是他仍然能读出角色的台词，所以我依旧以为他是在揣摩角色的动作和表情。

轮到其他人读台词时，林永健老师一直低着头，时不时环顾四周，如坐针毡。我当时完全沉浸在剧本中，并不知道林永健老师正忍受着常人所不能忍受的痛苦。他捂着腰部，脸上渗出一颗颗汗珠。他尝试着去拿杯子，但是努力了几次都够不到，他发出轻微的呻吟，又时不时把头垂下。他想站起来，但是每次他想站起来的时候，都会轮到他读台词，他只得继续坐下。

时间在一分一秒地走着，12点40分，林永健老师几乎是用哭腔说出一句台词，然后忍不住从板凳上站了起来，捂着肚子，往门外走去。快到门口的时候，俯身在艺术总监赵崇邦的耳边说了·句什么，然后回身收拾东西。

林永健老师捂着腰部，喘着气对我说："宝强，我实在是撑不住了，估计是肾结石犯了。你们继续，我去检查一下。"我心里一惊，忙起身扶着林永健老师走向电梯口，他指了指腰部对我说："真是奇了怪了，从来没有这样疼过。"我让助理陪着林永健老师下楼，马上安排了一个翻译，陪着他去了医院。

入院检查结果是肾结石复发。第三天林永健老师在孟买一家医院做了手术，手术很顺利，康复得也很快。他担心因为自己影响电影拍摄进度，在医院没待几天，觉得无大碍就回剧组工作了。

肾结石是一种很折磨人的病痛，医学上把它列为仅次于女人分娩的 11 级疼痛。林永健老师忍受着 11 级的疼痛长达一个小时，只为了不影响工作，其敬业精神可见一斑。后来，他还作了一首打油诗，苦中作乐地纪念这场病痛：

> 异国他乡没躲过，还是"石头"惹了祸。
> 工作还没好好干，大小医院进个遍。
> 走了一圈才发现，伟大祖国更想念。

由小小的肾结石瞬间拔高到热爱伟大祖国的高度，除了林老师这样的艺术家，也是没谁了。

后来，剧组转场到焦特布尔拍摄，根据剧情需要，林永健老师需要将手推车从 60 度的陡坡上推下来，取景地是在梅兰加尔古堡的入口处。手推车从那么高的陡坡上下来，一直在加速，林永健老师双手用力拽着，还是被手推车带着往下跟跟跄跄地前进。就在这时，意外发生了，一根系在手推车上的绳子被颠簸下来，被林永健老师一脚踩上，在绳子的拉扯之下，他重重地摔在地上，腿部肿了起来。经医生诊断，他肌肉被拉伤。

接下来的几天，林永健老师仍一瘸一拐地坚持拍摄。印度的高温十分不利于腿伤恢复，我希望他暂时休息，但是他坚持拍摄，不愿意让剧组百十号人等他这一条腿。在拍摄中途休息的时候，马上请医生上药。上完药，继续拍摄。

少林寺有个不成文的规定：学习少林功夫三年以上才可以上舞台

表演。当初我在少林寺学武的时候，经常随团参加武术表演。我最擅长的是醉剑，每一套动作，看似不经意的舞动，其实都是需要经过长年累月枯燥练习的。所以没有厚积，是无法做到薄发的。

风雨之后总能见彩虹，大雪消融之后总能见山花烂漫。林永健老师的成功，绝非偶然。

以专业的态度去搞笑
——林马印囧

演员有以下三种：一种是演什么像什么，一种是像什么演什么，还有一种是演什么都演成了自己。在影视圈，林永健和马浴柯两位老师是当仁不让的演什么像什么的实力派演员。林永健老师自不必说，纵横于影视舞台，演绎了大量角色。马浴柯老师也是，从游侠到皇子，再到港片里的反派人物，都被他演绎得惟妙惟肖。当两个实力派演员相遇，自然擦出漫天火花。

在《大闹天竺》里，他们两人扮演了一对反派角色。这对角色其实是以一种搞笑的方式在做坏事，演的是坏人，实际上他们背后也奉献了很多笑点。

2016 年 5 月 2 日，在《大闹天竺》拍摄现场，一大早就开始拍摄林永健老师和马浴柯老师扮演的金角、银角的戏份。在拍摄过程中，囧事不断。

银角作为金角的手下，时不时会被金角欺负。在拍摄当中有这么一个场景：两人一起跟踪男主角唐森，在百忙之中银角还不忘自拍，被金角发现，一把打在银角头上，提醒他赶紧去办正事。怎料在拍

在林永健和马浴柯两位实力派演员逗比的表演背后，
是能扛能忍，对角色精益求精的专业精神。

摄中，扮演金角的林永健因为手扬得过于靠上，一巴掌打在了银角头上，活生生把银角的假发给掀掉了，直接露出了马浴柯戴的头套。马浴柯摸着头，傻傻地看着林永健，一时不知道该怎么说出下一句台词。摄影师正在拍摄，猛然把头伸出来，诧异地看着他们，一旁的工作人员也怔住了。我忙笑着通过对讲机喊了一声"停"，大家才顿时反应过来，整个片场一片笑声。林永健笑着说："怎么会有这么一出呢？"大笑之后，马浴柯拾起假发，戴上后接着让林永健拍打。

拍完这个镜头之后，接着拍摄两个人走入婚礼现场的镜头，需要一个动作表现出金角的急躁和银角的呆傻。我就给林永健和马浴柯设计了一个脚踢的动作。一开始是中规中矩地踢，但是试拍过几次后，表现不出金角急躁的性格，于是就设计出让金角向后抬腿踢。这次拍摄有大约 100 名群演参与，所以也涉及群演走位，整体调动起来，需要下一番功夫。为了达到我想要的自然又幽默的效果，这一条一连拍摄了十次才过，加上因为需要反踢，又拍了五次。马浴柯的头在挨了七八次打之后，屁股在两个小时内，又挨了林永健十来脚。每当一条拍摄完毕，马浴柯都要揉着屁股回到监视器前面，问我效果如何。当我说还差那么一点点的时候，林永健和马浴柯立马抖擞精神，一个准备踢人，一个准备被踢，气势汹汹地赶往拍摄场地。

当这条过了之后，我觉得林永健老师的无影脚应该精进了，也让我对他们的专业精神肃然起敬。

不经磨，不成活
——岳云鹏的成功秘诀

岳云鹏的幽默从哪里来

2016 年，岳云鹏在《欢乐喜剧人》节目中横扫各派，成为新一季的"喜剧之王"。在所有人为他的登顶祝贺的瞬间，他却泪流满面。

夺冠后的第二天凌晨，岳云鹏就坐上了前往印度的飞机，参与拍摄《大闹天竺》。因为节目是录播，等到《欢乐喜剧人》决赛之夜播出的那天，刚好也是《大闹天竺》在印度开拍的第一天。更为巧合的是，这天刚好是他的生日。

当天晚上，剧组所有人员聚集在会议室，我们提前准备了一个巧克力蛋糕，蛋糕上设计着枫叶造型，写着"小岳岳生日快乐，一切如意"。为了给他更大的惊喜，我们还特意安排了一位漂亮的印度女演员，负责给小岳岳拥抱和香吻。

我们让小岳岳的助理以开会对台词的理由，把小岳岳请到会议室。大家像孩子一样，甚至比主角还要激动，会议室里每个人都凝神屏气，等待着"岗哨"的暗号。

门缓缓打开，露出了小岳岳的标志性发型。说时迟，那时快，四个女同事兵分两路飞奔上前，把已经准备好的花环戴到了他的脖子上。毫无防备的他瞬间蒙在原地，露出呆萌的表情。接着那位高挑的印度女演员上前，给他献上一个大大的拥抱和香吻。在连环攻势之下，小岳岳彻底蒙圈了，他紧紧咬住一个手指，诧异地看着大家，这才明白过来。好半天，他说了一句："我的天哪！好刺激呀！"

他走到蛋糕前，默默许了一个愿，在场的所有同事为他唱起生日歌。

"4月3日是《大闹天竺》开机的第一天，也是我的生日，同时也是《欢乐喜剧人》夺冠决赛之夜播出的日子，真的是有意义的一天！"

小岳岳刚说完，我和编剧束焕就上前给了他一个大大的拥抱。我说："祝福你，喜剧之王。"小岳岳说："我还小，还不能称王呢，隔壁老王还差不多。刚才助理让我来对台词，我说这都几点了还对台词，原来是中了你们的圈套。"我笑着把他领到蛋糕面前，说："对词吧。"小岳岳闭上眼睛，一口气把蜡烛吹灭，然后大喊道："这是最美的一次对词！"

最后，他还不忘刚才拥抱过他的印度美女，说："这是你们特意为我找来的吗？好漂亮啊！"

结果就是大家想到的结果，他胖乎乎的脸上被我们抹上了一层黑色功克力。

我一直记得一句话，是杨绛先生在《隐身衣》里说的："**唯有身处**

卑微的人，最有机缘看到世态人情的真相。"是的，人只有处于最底层，才能往上看到众生相。我和岳云鹏的经历，在很大程度上很相像，我们都是从小村庄出发，孤身一人到喧嚣的城市闯荡，靠着死磕与努力，交出了一份还算不错的答卷。在漫长的卑微和被忽视中，我们看尽了人间百态和世态炎凉，但这反而让我们更加坚守着内心的本真和质朴。

在过去的几年里，这个年轻人借德云社之力，凭着"明骚易躲，暗贱难防"的超强"贱术"，还有那完全与奥运无关的《五环之歌》，成功做到了天下谁人不识君。这个来自河南濮阳的乡下少年，做过被人呼来唤去的传菜员，也做过随时可能被开除的相声学徒。在经历过无数次的失败和被忽视后，在人生触底的同时，开始了惊人的反弹。如今，他靠着坚忍和死磕，终于守得云开见月明。

在与岳云鹏相处的日子里，我能够感受到他在生活中虽然不经常说话，但是有他在的地方，他的一个表情、一句话都能让整个氛围活跃起来。在他身上，最让我触动的就是一个人哪怕再红，也要永保本真的心。岳云鹏就是这样，他很真，不做作，虽然常常自嘲自己膨胀了。**他让我知道：不能因为走得太远，而忘记了当初为什么出发；更不能因为鲜花从天而降，而覆盖了我们原来的样子。**

岳云鹏的幽默来自他对这个世界保持本真和乐观的态度，尽管生活本身是不幽默的。

岁月和困苦是一个打磨器

在梅兰加尔古堡，岳云鹏饰演的角色有几场受虐戏，现场演绎起来，小岳岳也是囧态百出。

进了古堡正门，是一条长长的过道，过道尽头是一道斜坡。有一场戏是 25 名印度少女，从这个斜坡上追下来，小岳岳饰演的角色飞身挡驾。但是为首的少女飞起一脚，把小岳岳踢倒，一脚踩在小岳岳的身上，有一个少女还踩在了小岳岳的裆部。之后这群少女飞身而过，小岳岳捂住命根子大叫。

试拍阶段，我挑选了一个身材颇高、气质很好的印度美女来担任飞起一脚踢倒小岳岳的人，怎料这位美女太过心慈脚软，每次提起脚来，简直是爱抚，每次都是脚过来后，还没碰到小岳岳，她就已经撤回脚了。我们只得又换了一位少女。这位少女可真是猴子请来的救兵，飞起脚来可谓是黄飞鸿附体，准确点来说是"蹬"。当我喊开拍之后，25 名少女提着花花绿绿的裙子一路冲下来，群芳开道，很是香艳。当小岳岳伸出胳膊挡驾的时候，只见这位少女一马当先，一脚把小岳岳蹬倒，然后踩着小岳岳的胸脯，飞身向前。后面的女孩一阵马踏落花——其实应该是落花踏马，都从小岳岳身上踩过。小岳岳不是捂住胸脯就是护住裆部，狼狈不堪。

进入实拍阶段，实拍了四条都难以达到效果，小岳岳一连被踩了四次。在拍第五条的时候，小岳岳深知若再不发挥神勇，将会被再踩一次，他把藏在胳肢窝里的演技都拿了出来。当少女们从他身上纷纷

每个人的成功不是偶然,
其背后必将有着他人所看不到的努力与付出。

踩过去的时候，他手护裆部，脸上的表情抽搐着，很是狰狞，在地上左右摇晃，完完全全是真的难受而不是表演了。我在监视器后面看得发毛，忙喊停，飞身冲过去，只见小岳岳早就从地上爬了起来，带着一脸贱贱的坏笑，若无其事地站在那里，问我这一遍怎么样。原来他刚刚只是在表演。我呆呆地站在原地，带着后怕对他说："过了。"

还有一场戏，要求岳云鹏在婚礼上狼吞虎咽。印度最著名的食物除了咖喱外，就是飞饼了。当喊开拍之后，岳云鹏就走过来，抓起飞饼塞到嘴里，玩命地吃。吃过印度飞饼的都知道，这种饼吃在嘴里，很是干巴，难以下咽。这一条我们拍了七八次，在 40 多度的高温下，刚吃过饭的小岳岳需要一次次把这些干巴巴的飞饼嚼在嘴里，还得表现出特别好吃的样子。每一次嘴里塞满飞饼走出画面的时候，他都要赶紧接过工作人员送过来的水，喝几口冲一下。

小岳岳在说相声的时候，总爱揶揄一番自己已经红了，实际上那是他对自己的一种自嘲和警示。走下台来的小岳岳，时常陷入一种沉思状态。真正做起事情来，他总是以一个新人的态度来要求自己，不厌其烦地尝试，直到满意为止。

岳云鹏在河南乡下度过了一个贫困的童年。从他记事起，父母的头发就是白的，一家九口人，靠着地里的收成，难以为继。他因为交不起六十八元的学费，含泪离开了学校。穷则思变，那个时候河南出现了打工潮，越来越多的农民放弃土地，去城里讨生活。岳云鹏和村里的很多少年一样，十四岁就来到北京，从保安做起，开始了北漂打工生涯。十五岁那年，他在一个饭店里当服务员，因为多算了六元钱的啤酒钱，被一个客人当众辱骂了三个小时。之后，本应该庇护员工的饭店老板在全员大会上当众宣布将他开除。他曾在饭店打扫过厕所，男女厕所都由他负责打扫。有一次他正在打扫女厕所，老板喝多了，进男厕所吐了之后，第一时间没有看到他，就把他叫了过去，不问青红皂白，当众宣布开除他。

人只有经历过底层的辛酸，才能平淡看待这世间所有的不易。而他一旦找到属于自己的沃土，破土而出，将会有着奔月而去的气势。

岁月和困苦是一个打磨器，它用坚忍和坚韧，直至把人打磨成材。电影《霸王别姬》里说：不疯魔，不成活。我觉得那更多是对天才状态的形容，而对我们这些普通人来说，**只有经过长久的打磨，才能成活——这个活，不仅指的是我们的技艺炉火纯青，也包括我们想要的活法。**

柔中带刚岩上柳
——柳岩为什么能红

提起柳岩，人们首先想到的是性感，但我更欣赏的是这个湘妹子身上的爽朗劲儿，和一往无前的掌控力。她是主持人出身，横跨影视和歌坛，偶尔也客串小品，她的才华甚至让人有时候会忽略她的性感。出道以来，她的一举一动，都能迅速登上娱乐头版。圈外人看到的是她的性感，只有圈内人才能看到她背后所付出的艰辛。

为了拍摄《大闹天竺》，柳岩来回印度两次，每一次来，都要至少转机两次，在路上就需要耗费一天一夜，几乎睡不成觉。但每次从国内赶到，外人很少看到她的疲惫，每次她都是第二天直接到片场参与拍摄。

这个湘妹子曾有着在广州生活八年的经历，历经骄阳无数，却在印度中暑了。

有天在铁道上，拍的是柳岩和岳云鹏的戏。戏一开拍，他们就需要在铁道上奔跑。柳岩被戏服裹得严严实实，在毒辣的阳光下一遍又一遍地跑，脸上滚下的汗珠打湿了衣服。因为太热，她脸上的汗水一直流不停，每一次回到监视器前看回放就得补一次妆。铁道上铺着石

外人只看到柳岩的性感，
而我看到的是她背后的汗水、专注和坚持。

子，行走起来都很费劲，更别说奔跑。11 点 23 分，在一次奔跑中，柳岩重重摔倒在铁轨上，当时她全身没有穿戴任何防护装备，声音摔得很响，听起来惊心动魄。剧组工作人员都心头一紧，我忙冲过去看，怎料她已经站了起来，说没事，继续拍。

几次试拍之后，暴晒很久的她回到监视器棚下，说有点恶心。她的衣服被汗水浸湿，脸色有点发白。剧组工作人员赶紧拿来冰冻的绿豆水，给她降暑。柳岩是湖南人，她说她从来没有中过暑。稍微缓过来一些之后，我问她感觉怎么样，她很自信地点点头，就又出现在阳光下的铁道上，还伸伸胳膊抬抬腿，准备拍摄。

当天的温度逼近 50 摄氏度，何况还在沙漠上，就是坐在那里不动也会感到胸闷。午后更热，我们紧急拍摄着火车开来的戏份。在持续的高温下，从柳岩的脸上看不出任何不舒服的迹象，她一遍又一遍地在铁路上奔跑，做各种动作。一直晒到傍晚时分，当天的戏份才算顺利结束。柳岩的敬业，让剧组人员都竖起了大拇指。

在她首次来印度参加拍摄的时候，途中还发生了一件事：这次是柳岩和助理，以及两位剧组人员共四人，同行来的印度。飞机到达德里机场的时候，已经是印度当地时间凌晨 2 点，而他们还需要乘坐当天上午 9 点的飞机转机去印度另一个城市焦特布尔，中间有七个小时的时间差。剧组就给柳岩一行人在航站楼里安排了一个酒店，供转机前临时休息。谁料酒店方接机失误，柳岩一行在没有人及时接机的情况下，径直出了航站楼，这才知道剧组安排好的酒店就在航站楼内。而印度机场安检甚为严格，若是出去了再想进去，就比登天还

柳岩，人如其名，
柳一样柔韧的外表之下是一个坚毅的灵魂。

难了。在如蜜蜂般大的蚊子的围攻下，柳岩四人在航站楼外，语言不通、信号不通，和印度工作机场人员足足交涉了一个多小时，也没有进展。

同行人员的英语都很差，柳岩一马当先，靠着还算不错的英语与机场工作人员交涉。而印度机场工作人员说的是自娱自乐式的印度英语，双方聊了半天，彼此都不知道对方在说什么，僵持在原地。

在闷热的环境下，大家经过了七个多小时的飞行，靠着行李箱，都困得不行。最后，柳岩想出了一个主意：因为他们当天还要在德里机场乘坐上午9点的飞机，此时可以凭借着当天的纸质行程单再进入航站楼。果然，按照这个办法，他们才在出来接洽的酒店工作人员的帮助下，经过安检，重新进入了航站楼。

就在柳岩刚松了一口气的时候，一位同行工作人员的电子行程单没有发来，被挡在了航站楼外。为了不让柳岩等，工作人员就让柳岩先走。柳岩却说："我们不会扔下你一个人的。"

最终一行人全部进入航站楼。等到过了两次安检，入住酒店的时候，已经是凌晨3点了。此时，距离下一班飞机的安检时间只剩下四个小时。

这次事故，让制片组负责接洽的同事惊出了一身冷汗。曾经听说过这样的例子，某大腕到机场后，因为接机工作没有做好，一怒之下当即订了一张返程机票打道回府。而柳岩却沉着冷静，本来是随行人员该为她提前安排好的，她却带领着大家去解决问题。第二天她来到拍摄现场，也没有跟我吐槽。

柳岩，人如其名，柳，柔韧，但百折不挠；岩，坚硬，但瑰丽好看。"柳"与"岩"结合，便是柔情如水但又坚定不移。

柳岩的红，背后是汗水、专注和坚持。属于柳岩的春天，还在继续。

六小龄童与小龄童

"猴神"终于来了

他乘坐的车出现在焦特布尔的街道上，车越来越近，我从车窗里看见了他，戴着方形眼镜，穿着印有印度神猴哈奴曼的 T 恤。"猴神"穿着神猴，很是鲜艳。他看到了我，向我挥手，对我露出中国人民都熟悉的笑容。是的，中国人民，这个被人经常用的词，用在这里一点都不夸张。

印度的阳光还是一如既往地毒辣，我在片场迎接他。他从车上下来，走路的速度很快，身后的助理需要一路小跑才能跟得上。很快，他的手和我的手握在一起，我好像握住的是他腾云驾雾从云彩里伸出的手。

我说："您终于来了！"

《西游记》里，他历经劫难，力保唐僧取得真经。师徒四人想要抵达的大雷音寺，原型就是印度的那烂陀寺，位于现在印度的比哈尔邦首府巴特那东南九十里的地方。而今天六小龄童老师到达的位置，

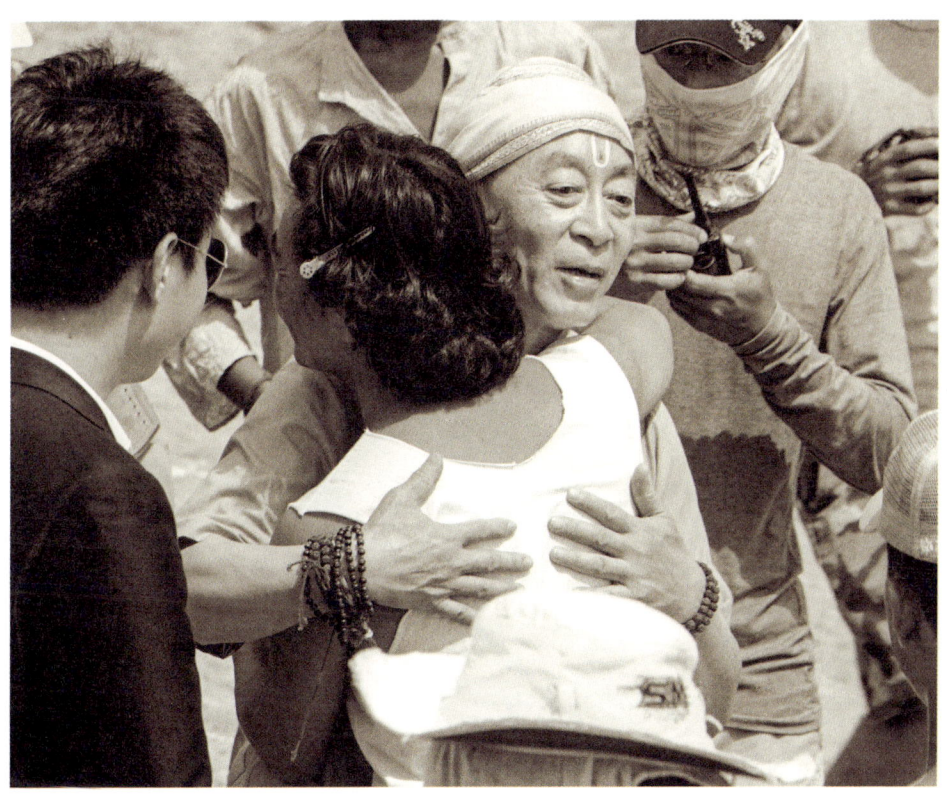

我见过很多美景，也见过很多名人，
但是见到六小龄童老师，内心还是会热血沸腾。

是拉贾斯坦邦的焦特布尔，比那烂陀寺还要靠西，在"西天"以西。所以我说：您终于来了。那一瞬间，我有种见证历史的错觉。

我见过很多名人，但是见到他，还是会热血沸腾。他好像浑身散发着一种光彩，他的身影周围还伴着《云宫迅音》那首熟悉的乐曲，驾着一片云彩，朝我飞来。我忽然觉得他站在大地上，站在我面前，他的手是那么有力，却又是那么不真实。

他来的那两天，连日来的闷热竟然一扫而空，连吹来的风里都有丝丝凉爽。候场的时候，他坐在那里，说："印度也没有传说中那么热哈！"

我说："都是因为您来，把凉意也带过来了。"

他笑了，说："我跟龙王说好了。"

他说这句话的时候，真的像是孙大圣坐在那里，为我们协调好了方方面面的关系。

就是他，戴上凤翅紫金冠，穿上锁子黄金甲，蹬上藕丝步云履，带着一根金箍棒，从花果山出发，一跃而起，飞上云端，成为中国妇孺老幼的男神，成为长久激励无数中国人的榜样。小的时候，我曾长久地坐在家里的那台黑白电视前，不止一次地看着神通广大的他，心想：我什么时候能成为他？

能够成为他，是我内心的一个梦想，这个梦想从来没有因为岁月的流逝而改变，甚至越来越强烈，已经生根发芽。

我想很多人都一样，梦想在最开始的阶段，是难以启齿的。我想成为他，就像我想成为一个导演这个梦想一样，我知道我说出后，一

六小龄童，美猴王，

能够成为他，是我内心的一个梦想。

这个梦想从来没有因为岁月的流逝而流逝，

甚至越来越强烈，已经生根发芽。

定会迎来质疑和嘲笑，所以我宁愿将它珍藏在我心中，像是珍藏着一个宝藏。

不畏强权、借力打力、乐观向上、百折不挠，方能修成斗战胜佛，他就是我心中的齐天大圣——六小龄童。如今，《大闹天竺》剧组在印度迎来了"孙大圣"，我也坐在监视器前，勉强凑合成了一个新晋导演，而且还成了现代版的"孙大圣"。

当年，我坐在电视机前，看他上天入地，无法无天。

如今，我坐在监视器后，看他宝刀不老，大闹天竺。

齐天大圣已经到天竺了，大雷音寺还会远吗？

小龄童才是真"宝宝"

他应该是这个剧组最小的演员了吧，才刚过六岁生日，正在换牙期，走起路来，还有点趔趄。

我想，他应该也是这个剧组最可爱的演员，白皙的皮肤，一头迎风飘扬的黑发，黑宝石一样的眼睛。

他的出现，成功夺走了我这个导演的风头。剧组里的人见到他，都想抱起他，亲上一口。

虽然我也被人叫"宝宝"，但是我面对他的时候，我的颜值和可爱度被他毙得满地找牙。

他从国内赶过来，和爷爷、伯父一起来参加《大闹天竺》的演出。这是他第一次参与影视的拍摄，他要把银幕处女秀献给我。

144

　　他坐了一天的飞机，但是没有一点疲意。他拍的第一个镜头是和六小龄童老师在印度街头逛街，我在监视器里看着他，有一种奇妙的开心和欣慰。

　　他有些紧张，我就站在摄像机的下面，这样好让他能够看到我，不那么害怕。开拍后，我对他摆手，做出蹦蹦跳跳的样子，好让他放松。

　　他走在印度街头的车水马龙中，看着我，露出羞怯的笑容。他的手由扮演他父亲的六小龄童老师牵着，我看着他朝我走来，恍惚中，我觉得朝我走来的，就是我自己。

　　每拍完一条，我就对他竖起大拇指："真棒！"

　　他很开心，笑了，像是完成了一个老师交代的任务。

　　我对他说："我们再来一条，好不好？"

　　他点点头，用稚嫩的童声说："好！再给自己最后一次机会。"

　　然后，他就又出现在印度的街头，等待着导演喊出那声"开始"。我看着印度毒辣的阳光晒着他细嫩的皮肤，很心疼。但是我想，尽管他小，他加入剧组的时间稍晚，但他也是剧组的一员，这一会儿的辛苦，只是《大闹天竺》剧组的日常而已，也会让他更加坚强。就像《士兵突击》里，最后加入钢七连的马小帅说："别以为我来得晚，就长不出钢七连的骨头。"

　　我相信，尽管他来得晚，他也可以的。

　　多年前，我的全部世界就是电影。现在，他是我的全部世界。如今，他出现在我的电影里，就像是我的两个梦叠加在了一起。

　　他，是我的儿子。

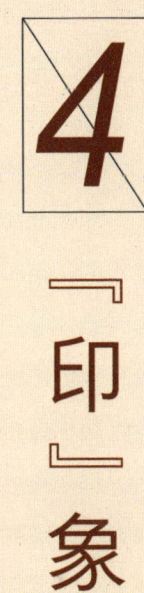

4

『印』象

"粉色之城"斋普尔

印度西北部的拉贾斯坦邦被戏称为"好色之邦"，因为这个邦里分布着四个各具特色的城市：粉色的斋普尔、金色的贾沙梅尔、蓝色的焦特布尔，还有白色的乌代布尔。《大闹天竺》剧组要在其中的三个带有颜色的城市取景。

斋普尔是拉贾斯坦邦的首府，也是这个邦的第一大城市。这里的建筑大都是粉红色的，朝阳一照，充满了梦幻般的色彩。红色在印度代表着热情好客，1876 年，为了迎接威尔士王子的到来，政府将整座旧城都涂成了粉红色。此后，政府规定，所有居民在旧城建房，都要保持城市的粉红色调，这一举动也让斋普尔成为了"粉色之城"。估计彼时政府要是能想到日后还有一个行业叫作旅游业，刷漆的刷子肯定会多刷上几下的。

每到黄昏来临，大片粉色建筑与夕阳柔和的光芒交相辉映，交汇出一种暧昧的颜色。

毕竟是拉贾斯坦邦的最大城市，斋普尔的商业还是相对比较发达的。街边摆满了软底尖头鞋、靓丽的头巾和服饰。可乐也很便宜，在国内卖五六块的在这里仅三四块。我还喝到了一种类似于蜂蜜柚子茶的冰冻饮料，国内要四元块，这里只卖 20 卢比，折合人民币大约两块，且口味纯正。日用品的生产与买卖都在一起，极具生活气息，可以现场观看工匠上釉和制作银器。他们大都赤脚坐在那里，虽然地面温度很高，他们依然泰然自若，让人怀疑他们的屁股是不是铝合金制成的。

街边的冷饮店摆满了新鲜的萝卜、苹果。喝一杯甘甜的胡萝卜汁，只要 5 卢比。但好好的胡萝卜汁，小贩却非要在里面加入一点色素，于是呈现出血一般的鲜红。看来斋普尔不仅追求视觉上的红，也要求味觉上的红。一个新鲜出炉的热乎乎的烤饼也是便宜得相当于白送，只是做烧饼的大哥的手上沾了许多煤渣，指甲很长，让你以为指甲刀还没有被发明出来。包烧饼的报纸也很脏，以至于报纸上印的是什么文字，几乎看不出。

这天拍摄堵车戏的时候，我们特意选在了斋普尔的标志性建筑前，这个名为"风之宫"的建筑是斋普尔的名片。这几年，我拍戏去过很多地方，但是像风之宫这么神奇的建筑，我倒是第一次见到。

风之宫建于 200 多年前，像是一架站立的红色竖琴，又像一扇屏风，上面密密麻麻地布满了窗户，数量竟然有 953 扇之多。为什么设置这么多窗户？据说出于一个很人性化的考虑，就是要让里面住着的每一个人都能看见外面的世界。当初这里面住的都是皇室贵族女性，以前节日的时候，风之宫下面的街道上会走过很多游行的群众，这些贵族女性们透过窗户，就可以看到下面的热闹景象，同时不用抛头露面。

不只是让女人们看到外面的风景，这种设计还和气候有关。拉贾

在印度，与全世界最"好色"的印度人

来一场异域风情的泼彩大战，在尽情狂欢中迎来春天。

斯坦邦地处沙漠边缘，强烈的风会对建筑有所损害，当强风吹来的时候，可以把900多扇窗户全部打开，风就会像从筛子中间穿过去一样。只是我想那个时候，这些皇室贵族女性该待在什么地方呢？她们轻柔的头巾，估计会从900多扇窗户中一起飞出来。脑补一下这个画面，想必十分壮观。

如今，印度的女性早已可以在大街上随意游走，不仅可以观看这个世界，更可以参与其中。风之宫上，这么多扇让贵族女性偷看世界的窗户也就失去了它们原本的意义。今天，我在它的底下拍摄电影，偶尔抬起头来，看到那么多扇窗户，仿佛看到每一扇窗户里都坐着一位衣着艳丽的贵族女性，在好奇地看着外面的街道上，这帮来自东土的人，究竟在拍什么好玩的东西。

再也没有女子对窗梳妆。我想，看到女性得到解放，风之宫就算失去了它本来的功能，也是一件不错的事情。

"金色之城"贾沙梅尔

贾沙梅尔是印度最西北部的一个城市，位于印度伸入巴基斯坦境内的一个凸角，中文名字又译作杰伊瑟尔梅尔。4月19日，我带领剧组从斋普尔转场到贾沙梅尔，到4月27日离开这里，剧组一共在贾沙梅尔拍摄了一周的时间。时间虽然不长，但是这座城给我留下了深刻的印象。

失望入城

当初来贾沙梅尔看景，穿过茫茫的荒野，到贾沙梅尔郊外的时候，已经是黄昏。在这五六个小时的车程中，我的眼前是一片单调的景色，荒原的前面还是荒原。睡上一觉，睁开眼睛，看到的还是睡前的风景，怀疑车子压根就没有动过。我们完全可以在开上一百里的情况下，而不见一个城镇。快到贾沙梅尔的时候，我有点失望，远远望去一片破败和荒凉。在四周都是黄色的色彩中，突兀出来一座黄色的城。这是一座被荒地包围起来的荒城，那种荒芜很像我国宁夏的部分地区，还有新疆的戈壁滩。

　　刚进入市区，就看见街道边站着许多衣衫褴褛的孩子，还有长须枯槁的老者，这些人的家就在道路旁。他们或席地而卧，或蹲或站，但几乎每一户人家都围着一棵树，树有大有小，好像树就是他们的房子。我看不到他们的做饭工具和洗漱用品，也分不清楚他们是定居于此还是流浪者。他们虽然露宿街头，脸上竟然一点悲戚的表情都没有，而是一种安详和享受。

　　路边像是寺庙香炉形状的供行人小憩的亭子里，塞满了休息打盹的印度青壮年们，他们往往坐在任意一个能坐的地方，或者躺在随便一个可以躺的地方，睡觉、发呆或者侃大山。他们脸上充满着快乐，对着过往的路人微笑，时而大笑，时而打闹。

　　路上跑着国内八九十年代比较常见的带敞篷的机动三轮，里面塞了十来个穿着校服的孩子，前面的驾驶舱里也塞了三四个，连开三轮的男人腿上还坐着一个。孩子们坐在车里好奇地打量着我们这些黄皮肤黑头发的来客。

　　一片贫穷与荒芜之中，凸出来一座没落的城，我心里就犯了嘀咕，这个地方如果通过摄像机展现出来，观众会想看吗？

惊喜总是从失望尽头开始

　　进入市区后，车驶入一条街道，我看到了大片迥异于其他地方的建筑。居民建筑统一呈黄色，且大都是复式两层。每一个小窗棂、小滴檐，无一处没有花状小雕刻；每一立方米，你都能够感受到工匠们

4 "印"象

花费了不少心思。你无法猜到建筑师们建造这里的每一幢建筑花了多长时间，更无法相信这里的建筑竟然都是这样精致。我想，这是来到了另一个星球了。

我问了问导游，才知道这些建筑的材料都是本地出产的黄砂岩。几天后，我们剧组在贾沙梅尔城外的荒野上拍摄，才发现这里到处是这种黄色的小碎石头。当地人讲，用这种石头建造的房屋冬暖夏凉，且建筑生命力长久。

车子继续朝着城里开进，越来越多的宏伟建筑整整齐齐地码在街道两边，无数雕刻精美的窗户、楼台、门楣点缀着古老的城墙、城门、庙宇、豪宅、府邸。黄昏时分，红色的夕阳打在黄色的建筑上，交织出一种奇异的色彩。我置身于一片金黄的色彩中，像是来到了儿时的梦中。下了车，我看到了远处山坡上的城堡，城堡在高处连绵起伏着，那是贾沙梅尔的地标性建筑——金色城堡。壮观的金色城堡在高处俯瞰着这座城，一群群鸽子在城堡上空飞翔。

这座城堡的名字叫作杰伊瑟尔梅尔城堡，甚至这座城市都是围绕着这座城堡才建成的。城堡的高墙临崖而筑，远远望去很是神秘。

负责带领剧组的印度导游告诉我们：这里的人们相信贾沙梅尔原是天上的宫殿，只是中了魔法师的诅咒，一夜之间从天上被贬到了荒凉的沙漠腹地，这已经记载在了《一千零一夜》里。他们相信，这是一座天空之城，从天而降。

我很奇怪为什么在这么荒芜的地方，会有这么一座辉煌的城市。拍完一天的戏，回到宾馆后，我特意找了几位熟悉当地的印度人聊天，得知这里的交通位置颇为重要，属于印度伸入巴基斯坦的凸出地带。这里是古印度通往国外——特别是埃及和欧洲的中转城市，络绎不绝的商人给它带来过不少财富，也形成了盛极一时的繁华大城。但遗憾的是，在苏伊士运河开通之后，相对于代价很高、意外频发的陆路而言，人们更愿意选择走水路。此后，丧失了交通枢纽地位的贾沙梅尔，不可避免地走向了衰落。

当贾沙梅尔还繁华的时候，富裕的商人在城中安家落户，修建了许多无比华丽的宫邸，用当地最多的建材黄砂岩精雕细刻，来显示地位。一旦有人开了先河，后面的人再建造房屋，就会群起模仿，以至于形成了这里独特的风格。

如今贾沙梅尔的人们就住在这些雕刻精美的石头房子里，每天拜庙祭神，开门做着小生意，和熙来攘往的游客打着交道。他们生活得很是安详，慢悠悠地，好像时光与他们无关。印度教本土文化和伊斯兰文化交融在一起，让贾沙梅尔五彩绮丽又充满神秘。

那一个悲壮的夜

4月24日拍摄收工很早，我和摄制组回到了我们居住的拉雅达堡酒店。拉雅达堡酒店位于贾沙梅尔城的郊外，也是古堡建筑。开完会，我们和几个印度同事坐在游泳池边聊天，其中一个同事对历史很熟悉，他给我讲述了关于贾沙梅尔的一段历史。那个夜晚，我有点失眠了。

4 "印"象

13 世纪，莫卧儿帝国开始强大。对于贾沙梅尔人来讲，这些信奉伊斯兰教又具有蒙古血统的统治者是很不容易对付的。不过，贾沙梅尔城位于塔尔沙漠的腹地，天高地远，它逃脱了莫卧儿帝国的直接控制，只是每年得在德里的莫卧儿统治者进贡，以维持自己有限的独立。但由于贾沙梅尔的统治者难以控制自己统辖之下的那些蛮横的诸侯首领，有人预言，这些诸侯首领的轻率行动，将会为整个城堡带来灭顶之灾。

在印度吟游诗人的民歌记载中，第一次洗劫发生在 1295-1315 年间，是由一个诸侯首领轻率地袭击皇室的骆驼商队而引起的。大批军队很快就赶来，对贾沙梅尔人开始了毁灭性的报复。在长达七年的围攻中，包围军想饿死城中所有的人，但是坚强的贾沙梅尔人始终不肯屈服。最后包围军付出惨重代价，突破了防线，在城堡里的贾沙梅尔军队最终没能抵挡住敌人的进攻。就在一决胜负的最后一晚，贾沙梅尔人举行了自己独有的战斗仪式。为了不让战斗的男人们有所掣肘，皇后和公主们带领城中所有妇女，穿上最漂亮的纱丽，戴上最贵重的首饰，并用玫瑰水梳洗秀发，喷上香水，然后带着自己的孩子一起扑向火堆，在鼓声和圣歌中自焚。男人们则披上藏红色的战袍，冲出城门与敌军进行最后的决战，迎接他们英雄般的死亡。

如今，这座曾经辉煌一时的城市变成了一个仅有六万多居民的小城镇。

千年以后，我们在当初英雄们战斗过的地方，看到的是一片宁静祥和。我在监视器后面，常看到牛自由地行走在街巷；白胡须的老者

157

裹着头巾，坐在街边，抚摸着从肩膀上伸过来的牛的脖子，看着街边车来车往；身着花长裙的老太太穿戴着明晃晃的饰品，在街道上来来去去；也有身材窈窕的少女，头顶布匹或者食品，羞涩地走过；有些人在自家门口屈膝而坐，口中念念有词；有的则坐在台阶上，或是屋檐下，悠闲地看着夕阳西下。

后来，在古堡的城墙下，我还见到十多位妇女集中坐在地上，并不见她们交谈，而是在编织一种叫作"开徐米娜"的披肩。据说织一条这种披肩需要花费一个印度女人半年乃至一年的时间，价格也不菲，从两千人民币到两万人民币不等。她们似乎也没有什么烦心事，只是用手中的针线编织着手中的作品。对，这对她们来说，就是作品。

城里的中年人有的经营着店铺，卖衣服、毛毯等。年轻人大都很闲散，就在城堡的一个阴凉处躺下便睡。也是，考研、晋升、评职称、买房等和他们有什么关系呢？他们的安详，就像是街头走过的一头牛，就像天上飞过的鸽子与乌鸦。

"蓝色之城"焦特布尔

来到焦特布尔，我深深地眷恋上了这座城。它位于印度西北部的拉贾斯坦邦，是这个邦的第二大城市。城市不大，但它却是印度地域文化的典型代表。

天空之城

看焦特布尔这座城，必须站在梅兰加尔古堡之上，登高望远，才能看到这座城市的特色：蓝。城市里的建筑，大都被涂抹成蓝色，站在高处往下望，好像是被蓝色海水浸泡过的城市。如果穿梭在焦特布尔的街巷之中，你几乎是不会注意到有什么颜色，只有远观，才能发现那么多蓝色。古堡下面有很多小饭馆，坐在饭馆阳台上吃饭，看着落日下的焦特布尔，夕阳的红色淹没在城市的蓝色中，很漂亮。

把房屋涂抹成蓝色，是当地民众的自发行为，所以街边房屋还有很大一部分为黄色和红色。当地政府很尊重民众意愿，比如登上梅兰加尔古堡的唯一道路竟然还是一条狭窄的巷子，就是当地民众不愿意拆迁的原因。

为什么焦特布尔民众对蓝色如此钟情呢？原来印度传统文化中存在着种姓制度，婆罗门处于最高等级。而婆罗门为了显示自己的尊贵，就把自己的住所涂抹成一片蔚蓝色。人人都有效仿之心，有些平民家族为了显示自己尊贵，也把房屋涂抹成了蓝色。久而久之，焦特布尔就成了一个蓝色之城。

还有一个说法是印度的气候让蚊虫特别猖獗，普通民众看到婆罗门种族的皮肤没有蚊虫叮咬的痕迹，就想着可能与他们的房屋涂成蓝色有关。于是为了不受蚊虫叮咬，也将自己的屋子涂成了蓝色。

在宗教方面，也能找到依据。蓝色是天堂的颜色，邪恶势力对蓝色比较避讳，同时蓝色还能保证人们不受到邪恶的蛊惑。所以，向往纯净与正义，才是人们把房屋涂抹成蓝色的根本原因。

如今，站在梅兰加尔古堡之上，俯瞰这个像天堂一样的城市，心瞬间就被净化了。日本作曲家久石让写过一首很有名的曲子叫《天空之城》，我觉得，焦特布尔才是真正的"天空之城"。

去焦特布尔老城区，会路过我们曾在那里拍摄半月之久的梅兰加尔古堡。有次汽车刚开上山路，我们遇到了一群刚从山上下来的年轻人，他们穿着运动服，跑得满头大汗。近些年，印度政府一直在呼吁印度崛起，从这些晨练的年轻人身上，我看到了一点印度开始奋发的面貌。

4 "印" 象
  。。
  。。

坐着"过山车"去片场

有次我们电影的取景地在梅兰加尔古堡的西边，属于焦特布尔城的另外半边城。到了剧组驻扎的大本营后，我们换乘当地的出租车摆渡到拍摄现场。因为拍摄地位于老城区，街巷狭窄到剧组用车根本进不去，所以只好坐当地的出租车。这种出租车就是一种带着篷子的三轮车，黄黑相间，前面凸出去一个顶盖，顶盖上往往有一只鸟的图案。

三轮车前面的驾驶座上塞了两个男人，两个人一路愉快地聊着天。其中一个男人驾驶着这辆烧着柴油的三轮车，发动机在咆哮着，在伸手就能碰到两边墙壁的小巷中穿梭。焦特布尔的地势不平，我们时而爬上高坡，时而在一个城门里转向，又忽而一个剧烈下坡。我们沿着陡坡飞奔下来，还不时闪过一两个人或者一两头牛。这是正宗的"过山车"模式。只是石头砌成的路不平，我们紧紧抓住两边的扶手也避免不了头向车顶冲撞，"砰砰"声不绝，一时有点眩晕。那两个印度男人则在前面欢快地唱着歌。

老城区的紧凑程度是惊人的，每一寸土地都被合理运用，就算上海老城区的弄堂，也比不上这里的紧凑。多么袖珍的院落都有，房屋大都是往天上没命地盖。家家门前都流过一条露天的下水道，下水道大约只有二十厘米宽，像是小溪一样，里面流着各种废水。在拐角处偶尔可见一块块空地，上面还卧着一头头牛，牛身上飞舞着各种小昆虫；牛粪自然到处都是，一不小心就会踩上"地雷"。所以在这么狭窄的地方，人们只有步行，或者骑摩托车。各种摩托车被他们骑得能够飞起来，而且这种摩托车刹车很灵，当在拐角处遇到人或者牛的时候，他们能在 0.5 秒之内一脚急刹，着实让人佩服。

我们坐着"过山车"，继续在牛粪和坎坷的路上飞行。经过十分钟的魔鬼行程，我们不仅被颠晕，而且也被这兜兜转转的路线给绕晕了。三轮车在迷宫一样的巷子里东拐西进，终于来到了焦特布尔的一条繁华的街道上，像是这个城市的中心大街。纵然很繁华，但是街道宽度也只有三四米的样子，街道两边布满了袖珍版的店铺，有的店铺只有卡车驾驶室般大小。有一个早点铺，里面正在炸着油饼，油烟热气腾腾，真想在这里找找有没有西华县逍遥镇的胡辣汤卖。

少点烦躁，多点思考

焦特布尔街道两边的建筑虽然紧凑，但是很精致，二楼和三楼几乎都有阳台，栏杆雕刻也很下功夫。阳台上往往会有一个人坐在躺椅上，或是看着报纸，或是对着天空发呆。他们很少捧着手机，也很少焦躁不安，就是安详地坐在那里。他们都长着智者的脸庞，很像在思考人类将往哪里去之类的高深问题。

所以这个民族出智者是不足为奇的，他们不紧不慢的节奏和随心而至的发呆，很适合去想一些深邃的问题。

这片土地上出了三个伟大的智者：释迦牟尼、泰戈尔和甘地。他们都不是靠弓箭、武功来影响世界的。释迦牟尼永存在无数信徒的心中，召唤着他们向佛而生；泰戈尔的诗文被千万人传诵，成为第一个获得诺贝尔文学奖的亚洲人；圣雄甘地则更不用说，迄今他的音容笑貌，每天每个印度人都可以看见，因为每一张卢比上都印着他的笑脸。

三个伟大智者的出现，证明了一个道理：**任何靠武力征服一切的，只能横绝一时；只有靠思想和艺术去影响人的，才能成为永恒。**

"印"证

正在想着，我们乘坐的三轮车忽然不走了。在狭窄的街道上堵车是很正常的事，为了不耽搁拍摄，我们只好下车步行去现场。

无意间发现街边竟然还有一个小照相馆。摄影艺术是电影艺术的雏形，我很好奇这里的照相馆是怎样的，于是和同行的助理走了进去。一个20多岁的年轻人坐在那里，向我们展示他的摄影作品。柜台里贴满了一些孩子和女子的艺术照，拍得还算中规中矩。里面的一间小屋子，只有五六平米的样子，就算是他的摄影间了。这样的照相馆，在八九十年代的国内到处都是。

他看我们是外国人，冲我们微笑着，问我们来自哪里。助理跟他开玩笑，用英语告诉他："我来自日本。"然后助理又指了指我："他来自中国。"然后问他："你是喜欢他还是喜欢我？"

这个小伙子笑了，毫不迟疑地指了指我，用印度风格的英语说："我喜欢中国人。"

助理问他："为什么？"

他双手立刻做了一个动作，说："功夫！我喜欢 Jackie Chan ！"

我和助理哈哈大笑。我指了指他的摄影作品，向他竖起大拇指，他也对我们竖起了大拇指，说着谢谢。

这是艺术工作者之间简单的交流，我们都挺直了腰杆，走出了照相馆。我们很欣慰，不只是因为他喜欢中国人，而且是因为电影艺术的影响力得到了印证——是的，"印"证。

我们在这里和印度人聊天的时候，他们大多数人并不知道中国的军事家或者政治家，也不知道多少中国的故事，只是一提到成龙的英文名字 Jackie Chan 和李连杰的英文名字 Jet Li ，他们都会眼睛发亮，比画出功夫的动作。由此可见，中国功夫片对印度人的影响，一点不比对中国人的影响小。

放慢脚步，聊聊天

印度的菜市场就在街边，人蹲在地上，在地上铺一块布，就是摊位了。在焦特布尔的老市区，分叉了一条"人"字形道路：一撇是主干道，一捺是焦特布尔人的菜市场。

菜市场在一条很是陡峭的狭窄道路旁，菜贩们把各种蔬菜码得很整齐。这里气候很干，蔬菜也干巴巴的，有扁扁的青椒、粗大短小的黄瓜、袖珍版黄红相间的西红柿，还有短小的丝瓜、皱巴巴的荆芥、小小的葱蒜。最让人难以置信的是茄子，茄子都是乒乓球大小，看上去像是李子。

　　焦特布尔周围田地罕见，这些蔬菜不知道是从哪里冒出来的。在这种干热气候中，这些蔬菜能够顽强地长出来，并结出果实，已经尽力了。我们习惯了漂亮硕大的果实和蔬菜，猛然看到这样干巴巴的东西，完全没有想吃的欲望。黄瓜里没有一点水分，吃起来像是丝瓜，就差没有扯丝了；西红柿也是如此，几乎没有糖分。好在有西瓜这一员猛将，水分和糖分还算足。值得表扬的还有香蕉，这里的香蕉普遍比国内的香甜，大约是从南印度运过来的。

　　只是这里是素食区，看不到一家卖肉的，甚至连鸡蛋也没有见到。卖蔬菜的女人们一般都穿着纱丽，用头巾蒙着脸；男人们倒还正常，只是一身旺盛的毛不时地从衬衫中露出来。

　　菜市场尽头，是一个广场。广场上长着一棵很大的树，少说也有百年历史，树下停满了各种摩托车。只见旁边的水泥台阶上坐满了男人，他们三个一群两个一伙，坐在地上，在热火朝天地聊天。我知道按照我们中国人的思维惯性，你很自然地想到他们是在打麻将，但是他们竟然真的是在聊天！

　　是的，你没有看错，这些男人们骑着摩托车远道而来，聚集在这个地方，他们没有跳广场舞，也没有像国内很多人那样围在一起打麻将，他们竟然是坐在地上聊天。他们几人围在一起，或者两人相对而坐，没有咖啡和茶，就只是在聊天。我不懂他们的语言，否则真想听听他们在聊些什么，但是看着他们的表情和动作，能够感觉到他们每个人都聊得很开心。我在想这些人的职业究竟是什么，在我们每个人都拼命往前赶的时候，他们为什么就能停下来？好像开着摩托车到这里，聊天就是工作一样。

其实在电影的拍摄过程中，我们屡次因为炎热觉得举步维艰的时候，都会想到这些印度人在白天不工作是有道理的。高温之下，活着已经是一件不容易的事情，何况还要劳动呢？那么，聊聊天吧，让我们的灵魂交流互动，比打牌有意义。

印度人的乐天、平和从何而来

在这座城市，稍微华丽一些的建筑，几乎都是庙宇。大的庙宇富丽堂皇，像是皇宫；小的庙宇就只有一个神像，有一米高，像是一个路桩，立在街头拐角处。街边有一棵盘根错节的古树，古树下面放着一个神像，神像的脖子上挂满了花环，这也算是一座小庙了。

我曾见到过一尊刷成五颜六色的神龛，在小广场上立着。神龛很是精致，上面的颜色也很绚丽，像是新近才重新刷过。我还看到一座庙，建在拥挤的街头，庙门口是两只狗的画像。那么，这个庙就是狗神庙了。

在狭窄的巷子里有一个小庙，庙门很矮，需要弯腰才能走进去。庙里花团锦簇，供奉着几座神像，神像的长相是典型的印度人，只不过比一般印度人要俊美。几乎每个路过的人都要进去跪拜一下，没进去跪拜的，也要用手摸一下庙门口的台阶，然后再双手合十，对着庙宇鞠一个躬。

每一个印度人的脸上都洋溢着喜悦的神情，
他们的乐天总能感染到我们。

在庙旁边的水泥墙上，还有一个不起眼的小窗口，那些印度人路过的时候，都会双手撑住小窗的两边，往里面望一眼，再做一下祷告。我很好奇这个小窗里面是什么，也贴着窗户往里面看了一眼，只见通过小窗，刚好可以看到大殿里的几尊神像。虽然大殿和这道墙还隔了一个院子，但是不偏不倚，通过这个小窗往里面看，刚好把大殿里的几尊神像框在了视线里。设计之巧妙，让人叹为观止。这方便了路过的行人，如果不方便进去跪拜的话，通过这个小窗向里面的神像致意即可。

寺庙文化的盛行，对神灵的供奉和信仰的虔诚，或许正是印度人更加平和的主要原因。丧失信仰，心便无处安放，于是更不安，更浮躁。

人来鸟不惊

焦特布尔老城的建筑大都是蓝色，这些建筑大都为三层。这些楼房就像是一个个窈窕的女人，披着蓝色纱丽，朝着蓝色天空自由生长。

每一户人家门前都建有一个小阳台，有老人坐在阳台上，或看着报纸，或发呆。临街的铺面里，悬挂着塑料袋连体包装的小吃。冰箱上虽然画着可口可乐的广告，但是灰尘已经布满了，可乐也买不到。

每家门口的一小片空地上，都会有撒有麦粒，那是特意为各种鸟准备的，时不时有鸽子和麻雀来啄食。这里的鸟也不怕人，它站立在栏杆上，你用手机去拍它，等手机快要接触它的羽毛时，它才会振翅飞去。如果在国内，人稍微说话大点声，麻雀就要警惕飞走的。可见人与动物的和谐，是靠人用真心对待它们换来的。人类给予它们爱，它们就会还人类以信任。

　　焦特布尔，如果有天你累了，也可以来这里坐坐。

我们在印度吃什么

在印度久了，最想念的女人是"老干妈"，最想念的男人是"老村长"。剧组里，谁那里要是有一瓶老干妈，就要像藏武功秘籍一样藏好。只要示人，马上就会被抢食一空的。

除了咖喱，还是咖喱

提起印度的饮食，人们往往会在脑海里浮现两个字：咖喱。咖喱听起来神秘，其实就是不同香辛料合起来制成的酱汁。咖喱在印度风行是有道理的，因为印度普遍高温，又盛产香辛料。印度人把香辛料制成酱汁，放入食物中，可以刺激人们因为闷热而不振的食欲，同时也能让食物抵抗得住湿热环境下细菌的滋生，从而让保质期更长一些。

喜欢咖喱的会念念不忘它的味道，不喜欢的看见就觉得反胃。在印度，咖喱无所不在，它可以出现在任意地方，也可以被开发出很多种味道。剧组的饭原来是印度厨师做的，所做的菜一半以上都有咖喱。我看到有中方的同事端着餐盘，在取餐处徘徊半天，回到餐桌上的时候，餐盘里只有几块西瓜。印度气候炎热，加上拍摄任务很重，长此以往，电影还没拍完，人就全部趴下了。我们赶紧从国内请来了两个专业厨师。

中国厨师做饭的时候，在中方工作人员眼里，像是救人于苦难之中的菩萨一样散发着光芒。中国厨师知道自己此行是要拯救中国同事脱离咖喱的苦海，他们在最不适合发挥技艺的环境下，争取做出一道辣子鸡丁，或者清蒸羊肉。当这些菜端上来的时候，我发现中方工作人员喜气洋洋，像是过年一样。印度工作人员却是不为所动，依然端着他们的盘子，去盛上一盘咖喱，卷上一张印度飞饼，再喝上一杯酸奶。

甩飞饼，还是听着更好吃

印度的米看着很是好看，米粒瘦长，洁白如玉，但是吃到嘴里松松垮垮，没有一点香味，往往吃上一口米饭，像是吃了一嘴糠。中国的同事们很少垂幸米饭，倒是印度同事的餐盘里，米饭堆成了雪山。

米饭既然不好吃，就只有另外一种主食——印度飞饼。剧组在焦特布尔的梅兰加尔古堡下面驻扎，在餐棚的后面，经常可以看到几位印度厨师在四十多度的高温下，一人扎着面，另一人侃着大山唾沫横飞地擀着面。饼鼓捣成圆状以后，那人顺手一甩，饼就旋转着飞到了炉子旁，另一位厨师接过来，伸手就把饼贴进火炉里。火炉里的温度爆表，但是他的手进去依然能够全手而退。

飞饼其实听着好听，但我吃着却是寡淡无味。它很有嘎嘣豆的骨气，吃到嘴里与牙以死相搏，嚼几下才能嚼碎。它比较适合卷上一些菜来吃，固执地嚼上一嚼，还是可以交给胃来消化的。

印度被英国殖民很久，饮食上很西化。早饭一般都是烤面包片加热牛奶，面包片上抹上果酱，总算吃得可口。和国内比较接轨的是煎鸡蛋，面包片夹上煎的鸡蛋，吃起来像是家乡河北的味道。

但是别高兴太早，尽管我们的厨师团队混入了中方代表，但印度人还是牢牢掌控着局面，更多的早饭还是咖喱。

素食半个月

贾沙梅尔属于拉贾斯坦邦的素食区，将近半个月的时间，剧组人员没有吃到肉，每天都是茄子或者青菜叶。好在我们住的宾馆是五星级的，他们为了照顾国际友人的口味，会象征性地在自助餐里做一道鱼肉或者鸡肉，但却像是偷偷摸摸的，肉都深埋在青菜里。刚来的时候感叹这里的人很是瘦弱，我想不吃肉就是他们瘦弱的原因之一吧。

在印度，牛可以四处游走，吃人们提供的食物或者垃圾，然后牛再拉下粪便，粪便由游荡的猪来吃。所以动物们之间形成了一个链条，猪处于这个链条的末端。印度人偶尔会吃一些鸡鸭鱼肉，但是做出来的肉，类似国内的白斩鸡，因为调料过少，肉质发白，吃起来也是无味的。

4 "印"象

千里不同风，何况这是万里之外的印度，饮食文化自然与国内有着很大不同。当你找不到筷子的时候，一定要习惯用右手抓饭送入嘴里，只有手抓的饭，才有特有的饭香。

5

历经八十一难，
取得真经东土还

只要能完成，它就是好的

2016 年 7 月 31 日凌晨，北京，经过了连续二十个小时的水下拍摄，《大闹天竺》正式杀青了。我浑身湿漉漉地坐在监视器前，当我对着工作人员喊出"我们杀青了"这句话的时候，心情却是莫名的平静，甚至还有一丝失落。窗外，是安静的夜，凌晨两点多的北京，人们都在这闷热的夏夜里沉睡，没有人知道我们的取经路在这一刻画上了一个逗号——我想，句号要等这部片子上映之后才可以添上。

已经连续工作二十个小时的同事们却丝毫不觉得疲惫，我看到他们在我身边欢呼着、跳跃着，有的拿出手机，记录着这一时刻。我起身，与剧组的主创们一一拥抱。从开机的那一天我就盼望着这一刻的到来，这一刻终于到来了，我心里却只有一个念头：是的，结束了。就是这样。

弘一法师在人生终点的时候，绝笔写下四个字：悲欣交集。那是只有经历过、到达过的人的彻悟。我相信，当玄奘东归再次望见长安的时候，内心不是只有喜悦，肯定是五味杂陈。陈忠实在完成《白鹿原》的那天，有一种莫名的失落和恐惧感。天色将晚，他徘徊到村后的河堤上，抽了很久的烟，再也不想回家。路遥在完成《平凡的世界》的那天，他写完最后一个字，把笔扔到窗外，甚至失声痛哭，然后他想起德国作家托马斯·曼的几句话："终于完成了。它可能不好，但是完成了。只要能完成，它就是好的。"

就《大闹天竺》来说，能够完成它，在这一时刻，我们就是成功的。

看过《西游记》的都知道，唐僧师徒取经回返途中，重遇通天河老鼋，老鼋曾托唐僧向佛祖打问自己的寿命，不想唐僧忘了此事。老鼋一怒，将师徒四人连同经书一同沉入河中……在唐僧师徒喝了不少水之后，取经路上的第八十一难终于算是完成了。

《大闹天竺》开拍以来，除了各种拍摄的困难不断之外，我的手、膝盖、嘴巴等不止一次地受伤。随着杀青的临近，我想，我的受难日快要结束了。但我不知道，这些只是我经历的八十难。在拍摄的最后一天，主要是拍我的水戏镜头，因为水下拍摄难度较大，虽然总共才五个镜头，却拍了二十个小时。我没有穿戴任何防水装备，每每下水一次，就像是死了一次一样。出了水面之后，还要浑身湿漉漉地坐在监视器前看回放。等我在水里泡了十来个小时，足足喝了一肚子水之后，我的最后一难才算宣告结束了。

这一切，好像是冥冥之中的感召。如果《大闹天竺》是我们的"真经"，就在我从水里爬上来的那一瞬间，我们算是顺利取回了真经，回到了东土大唐。

从 2014 年 9 月 21 日聊剧本，2016 年 4 月 1 日开机，到同年 7 月 31 日杀青，一天天的光阴过去了，我很清楚这些日子我们是怎么

以前你可望而不可及的高山，等你攀登上去之后才发现，
比高山更值得尊敬的，是你永不止息的脚步。

走过来的。一次次的洽谈、开会、勘景……到付诸实施，一个镜头一个镜头地拍摄，纵横几万里，上下八百多人。我们克服了高温、风暴、水土不服，除了7月20日我们因为北京大暴雨不得已中止拍摄一天以外，我们没有因为任何人为原因而停拍一天。在各种困难面前，我们剧组的每一个成员都成了斗战胜佛。

除了对自己的坚持心存欣慰之外，我很荣幸我拥有着一个配合度很高的团队，在拍到我想要的效果的前提下，电影能如期完成。我虽然不敢放言这是一部彪炳史册的作品，但至少会是一部不会差的电影，因为我们把全部的真诚和心血投入在了里面。我相信尽全力去做一件事，哪怕最后会不尽如人意，也会赢得掌声。

一切没有想象中那么糟，以前你可望而不可及的高山，等你攀登上去之后才发现，比高山更值得尊敬的，是你永不止息的脚步。从赤手空拳来到这个曾经遥不可及的行业，到一步步走到监视器前，直到今天完成了我的第一部导演作品。漫漫来时路，我不想诉说着过往的艰辛，沉溺在当年勇里，因为未来比过去更有意义。我更希望把握住现在，向着未来眺望。过去的已经过去，现在这一秒钟对于未来来说，就是一个崭新的开始。我相信，从我完成《大闹天竺》的这一刻起，下一个挑战又在向我招手了。

要想走得远，就要一群人走

戏虽然杀青了，但后面还需要做大量的后期工作、宣发工作。行百里者半九十，何况我们才走了一半的路程，所以，现在说结束还为时过早。

这是我的第一份答卷，我用心拍摄，此刻忐忑不安，焦急地等待着你们的评判。当你们坐在电影院里的那一刻，就是我开考的时间。

能不能及格呢？我想，应该可以的吧！

天下没有不散的筵席，也没有永世长存的剧组，但电影会，它的生命会长于我们每一个人。这就是电影的魅力。

听过这样一句话：要想走得快，就一个人走；要想走得远，就要一群人走。 电影的拍摄从来不是一个人的事情，我知道相对于他们的付出而言，任何感谢都是苍白的。但是在这本书的最后，我还是想对他们说一声"谢谢"，那些与我共同走过火焰山的朋友、兄弟，那些在西天与我昼夜奋战的中印同事，还有一同度过北京这个夏天的中方同事。我会记住那些名字，还有那些温暖的面孔：制片孙合彬、摄影指导陈志英、动作指导郭勇、艺术总监赵崇邦……还有很多分布在各个岗位上的同事。或许他们自始至终没有和我说过一句话，但是每一

要想走得快，就一个人走；要想走得远，就要一群人走。

个人的脸庞我都记得。每当我感到困惑的时候，都能感受到他们在我背后带给我的力量。感谢你们，每一个部门的每一个成员，每一个镜头的背后，都有你们所付出的心血。

也谢谢对我信任的投资人，你们给了我真金白银，我没有挥金如土，而是转化成了银幕上真刀实枪、五彩斑斓的影像。更要感谢那些分布在祖国版图上，默默关注王宝强的每一个人，正是因为有你们，我才有底气西出阳关，跋涉万里，迎着印度超高温去"赴汤蹈火"。因为我知道，你们永远在我身后。

最后，谢谢那些对我说"你不行"的人，是你们坚定了"我行"的信心；更要感谢那些为我鼓掌喝彩的人，愿我用不停的突击，不辜负你们的期望。我还在努力，依然在路上，一切，才刚刚开始。

我很喜欢一首小诗，戈麦的《有朝一日》，我想放在这里，送给每一个读到这里的朋友：

有朝一日，我会赢得整个世界
有朝一日，我将挽回我的损失
有朝一日，我将不停地将过去摔打
珍视我的人，你没有伪装
我将把血肉做成黄金，做成粮食
献给你们的庄重与博大

爱我的人呵，我没有叫你失望

你们的等待，虽然灰冷而渺茫

但有朝一日，真相将大白于天下

辛酸所凝铸的汗水

将一一得到补偿

众人眼中的王宝强及《大闹天竺》

冯小刚

宝强给那些有梦想、有志于当演员的年轻人起了特别大的示范作用，而且他的示范作用越来越大。宝强的榜样力量告诉我们：只要你有才华，肯努力，你就肯定能成功。宝强一个台阶一个台阶地往上走，我们真的觉得他是无可限量的。以前在拍《大腕》的时候，宝强做群众演员，当时葛优无意中还摸了一下宝强的脑瓜子。现在如果葛优演一部片子，王宝强演一部片子，院线估计会给王宝强的片子排片更多。另外，拍一部电影很容易，但是拍一部好电影很难，相信宝强有这个能力。

宝强做导演了，我这个做演员的，希望宝强导演有戏想着我。《大闹天竺》什么时候上映，希望宝强一定要告诉我，我（的电影）躲开他！

听到宝强当导演，我并不惊讶。演而优则导，心中有话要说的时候，做导演的欲望就产生了。他演了这么多年的好戏，我想他心中肯定积攒了饱满的情感和很多想要说的话。从和宝强接触起，我就觉得他是个很聪明的人。去印度拍摄电影像是打一场硬仗，很不容易。但他告诉大家，他是一个去完成作业的小学生。他的谦逊，为他赢得了尊重。所以这部电影，一定会拍好的，尤其这是他第一部片子，更加值得期待，导演的第一部片子往往都会好的。

陈凯歌

宝强是一个悟性很高的人，我觉得他是中国演员中的一个奇迹，真的是这样。如果当初他没有去拍《盲井》的话，也许还在北影厂门口蹲点。但是如果你认识了王宝强以后，你会发现他的成功是必然的，因为他的身上具有一种不可取代的特质。宝强在演员这个领域所取得的成绩，是让我羡慕的，也是高攀不上的。我一直觉得他在演员思维里，在现场创作中，有特别独到的一面。我特别期待看到宝强能够导一部戏。当他多年的经验喷薄而出的时候，肯定会是一部很好的作品。

徐峥

185

这次很高兴能在王宝强导演的《大闹天竺》里出演一个重要角色。我这次不仅去印度参与了拍摄，而且角色也从年轻的时候一直扮演到老年，很有挑战性。我看了宝强不少的影视剧，我也看了他个人的经历，觉得他很真诚，也很不容易。知道他这几年一直在筹备这部电影，宝强导演的真诚打动了我，这次我们合作很是愉快。他告诉我说他喜欢孙悟空，也喜欢功夫。宝强说从小是看着孙悟空长大的，我说是孙悟空看着你从小成长的，所以我想有这样的一个经历挺有意思的：我们在时空上不确定的相识、相知，到如今的合作，虽然之前没见过，彼此却都是熟人了。我们第一次见面是在印度的焦特布尔市，一个特别有意义的地方。

宝强没有任何背景，自己奋斗的历程很像是孙悟空的经历。他是一个德在前、名在后的人，所以取得了不俗的成绩。现在他第一次执导一部影片，我觉得很有意义。我说这部电影一定会取得较大的社会影响，希望他能够拿这部电影多去参赛，希望他这部电影能增加中国功夫喜剧在世界的影响。我非常看好这部电影。

黄渤

坐在监视器前的宝强很细腻，对戏的把握吓了我一跳，可见他以前做演员的时候把自己隐藏得很深。他从剧本、场景、镜头到对演员的表演把控都很准确，很为他高兴。这一次在《大闹天竺》里，我第一次演出一个大反派的角色。这次来了之后，真的被宝强的审美给惊艳到了。

我相信当宝强在演员的道路上成熟了以后，就会有强烈的表达欲。他和他的团队克服了种种困难，很精彩地把一部电影表达了出来，我相信他会越来越成熟。他凭着对电影的热情和热爱，把这份热情喷发出来，于是就有了《大闹天竺》。很期待在银幕上看到这部电影。

陈思诚

兄弟这么多年，一直听他跟我说这个梦想，特别希望他能够圆梦。我等他取得真经，圆满归来，也相信他一定会成功。

成龙

知道宝强第一次当导演，竟然还要拍不容易拍的动作喜剧这一个片种，真是了不起。但是我对宝强有信心，一定会拍得很出彩、出色。同时也预祝《大闹天竺》票房大卖。

曹保平

2008 年拍《李米的猜想》，我就感觉到宝强会有当导演的这一天。宝强是一个有野心、有梦想的男人。

李杨

宝强之所以能走到今天，和他的真诚有关系，他没有电影学院科班毕业的那些人身上虚假的毛病。我第一次发掘宝强的时候，就是觉得这孩子特别质朴、腼腆。他特别能吃苦，内心有一种想要干事情的强烈冲动。我们合作的《盲井》，是在 300 米以下的矿井里拍摄的。有一次他发烧了，我问他行不行，他说没事，坚持拍。《盲井》拍到一半，好多人都支撑不下去离开了，但是宝强一直坚持到最后。我觉得正是这种拼搏的精神，支撑他走到今天。

韩杰

拍电影是一件很复杂的事情，很大程度上是要靠天分的，我相信宝强有这个天分。2009 年我们刚认识，一起聊《Hello！树先生》的剧本，那个时候我就觉得他是一个有着电影天分的人。拍电影就是靠一种直感，直感就是从天分来的，所以我很期待他的第一部作品。

宝强是一个天才型的演员，我们在《天注定》里的合作非常圆满，相信他也是一位天才型的导演。祝宝强风雨无阻，大闹天竺。

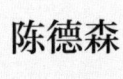

我曾经开玩笑说，想请编剧专门给我和宝强写一个剧本，我自己来演白蛇，宝强来演许仙，这说明我们曾经合作得多么愉快。估计宝强在《一个人的武林》里没有打够，才特意要去印度"大闹天竺"。我想跟宝强说，在片场一定要注意安全。拍打戏的时候，你不仅是主演，还是一个导演。你要顾全大局，不要让自己太累了。祝《大闹天竺》大卖。

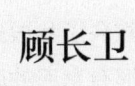

宝强是一个很有意思的人。他不仅是一个出色的演员，也一定是一个出色的导演。另外麻烦给他带句话：首映时间确定的话，一定要给我留一张票，同时我也一定会买电影票去电影院看这部电影。我很期待看到他的梦想呈现在大银幕上，期待他给我们带来的感动和惊喜。

189

岳云鹏

这个片子一定是一个好片子，和宝强导演合作得很开心。在拍摄过程中，我看到他手也破了，嘴也破了，确实很是心疼。不想和这个片子说再见，希望这个片子能够大卖。

白客

《大闹天竺》三四个月的拍摄过程很不容易，但是也很快。印象最深的是导演的驾驶能力：在整部电影的拍摄过程中，摩托车出事两次，自行车出事一次，我每次都在车上，所幸没有受什么大伤。我庆幸在国内没有和导演的车戏了，再也不用上导演的车了，要不这个导演一言不合就发车，太崩溃了。

刘昊然

和宝强哥半年不见，这次在《大闹天竺》剧组见到，觉得他的状态比以前做演员的时候更加亢奋。很荣幸能在这部电影里客串演出，这是我第一次拍古装，二话不说，上来就打，很过瘾。在拍《唐人街探案》的时候，宝强哥教会了我很多东西，这次我看到他已经成为一位很有意思的导演，很为他高兴。这会是一部适合全家人一起在电影院看的电影。

陈佩斯

这是我和宝强第一次合作，但是他的戏我看过很多。我也想和年轻人合作一下，看看年轻人做喜剧是什么样子，试试水，看看今天的喜剧创作是一个什么样的状态。到了拍摄现场以后发现，这一代人比我们那一代人聪明，悟性很高。宝强虽然看着很年轻，实际上出道很多年了，他在电影业务上比我们一般的老演员还要清楚，积累了很多很多经验。因为他是从最普通的岗位上做起的，所以他对剧组各部门很了解。他工作熟练、自信，很有决断力，整个人的经历和工作状态比较像我。我和宝强聊天之后才知道，原来他和我有过很类似的生活和工作经历。

朱时茂

我也算参加过上百个摄制组了，《大闹天竺》剧组是一个很值得学习的剧组。和宝强认识有好多年了，宝强一开始就跟我说了这件事，后来因为一直在筹备，《大闹天竺》的档期一改再改。当时我也在拍着我自己的电影，我对宝强说：你不用担心，你需要我拍几天，我的摄制组停下来几天，我过来帮你。这就是朋友，一定要真诚，不说空话。他也是非常真诚的人。这次在《大闹天竺》里与宝强合作，他像是导演了几十部戏的老导演，很熟练。第一次当导演，就把导演的位置找得那么准确，很难得。期待《大闹天竺》能够大卖。

雪村

当初宝强出演的《盲井》，给了我很大的触动。我算是零几年左右的网红，宝强是当红，这次的合作，促进了我们共同的进步。这次我在《大闹天竺》里演了一个混蛋董事，我觉得这个戏我还是很出彩的，宝强导演还是很照顾我的。祝宝强在喜剧的道路上越走越好。

句号

宝强是一个非常认真的导演，把握非常到位，在现场有自己的想法，工作起来很玩命。他就像是他扮演的许三多一样，很认真。《大闹天竺》在我看来，肯定没有问题。

滕海滨

以前看宝强的电影就很喜欢，这次很开心能在《大闹天竺》里客串一个"大"角色。今天看剧本的时候，感觉是一个很简单的镜头，没想到拍起来这么不容易，真是感觉到了拍电影的艰难。希望《大闹天竺》大卖。

杨威

宝强在现场很知道自己想要什么镜头，所以每次在前面对我们进行一下引导，一旦觉得 OK 了，就会过。

图书在版编目（CIP）数据

只有面对，才能走对 / 王宝强著.
—北京：北京联合出版公司，2017.1
ISBN 978-7-5502-9270-3

Ⅰ.①只… Ⅱ.①王… Ⅲ.①王宝强－自传
Ⅳ.①K825.78

中国版本图书馆CIP数据核字(2016)第299325号

只有面对，才能走对

项目策划　紫图图书 ZITO®
监　制　黄利 万夏
丛书主编　郎世溟

作　者　王宝强
执　笔　潘沈斌
图片提供　王宝强（上海）影视文化工作室
责任编辑　龚将　夏应鹏
特约编辑　宣佳丽　刘长娥　李莲莹
　　　　　苗海燕　胡曼琳
装帧设计　紫图图书 ZITO®

北京联合出版公司出版
（北京市西城区德外大街 83 号楼 9 层　100088）
北京中科印刷有限公司印刷　新华书店经销
160 千字　710 毫米 ×1000 毫米　1/16　15 印张
2017 年 1 月第 1 版　2017 年 1 月第 1 次印刷
ISBN 978-7-5502-9270-3
定价：45.00 元